위대한 선교사
성 사도 바울로

위대한 선교사 성 사도 바울로

초판2쇄 인쇄 : 2012년 5월 24일
초판2쇄 발행 : 2012년 5월 24일

지 은 이   소티리오스 트람바스 대주교
옮 긴 이   요안나 정재원
그 린 이   테레사 정미연
펴 낸 이   암브로시오스 대주교
펴 낸 곳   정교회출판사
출판등록   제313-2010-5호

주   소   서울특별시 마포구 아현동 424-1
전   화   02)364-7020
팩   스   02)365-2698
홈페이지   www.philokalia.co.kr
e-mail   editions@orthodox.or.kr

ISBN 978-89-92941-21-1 03230

정가 15,000원

* 잘못된 책은 바꿔드립니다.
* 저작권법에 의해 한국 내에서 보호를 받는 저작물이므로 무단전재와 무단복제를 금합니다.

위대한 선교사
성 사도 바울로

소티리오스 트람바스 대주교 지음
요안나 정재원 옮김
테레사 정미연 그림

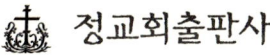
정교회출판사

차 례

추천사 • 6
1. 한 평생, 바울로 사도와 함께 • 11
2. 고린토, 데살로니카, 필립비에서 • 19
3. 탄생지 길리기아의 다르소 • 25
4. 박해자 사울, 회심자 바울로 • 32
5. 커다란 변화 • 39
6. 성년기 • 48
7. 사막은 즐거워하며 꽃을 피워라 • 55
8. 아라비아에서 다마스커스로 되돌아가다 • 61
9. 세세의 사노 • 68
10. 전 세계로의 전파 • 76
11. 소아시아 비시디아의 안티오키아에서 • 83
12. 이고니온에서 • 91
13. 데르베에서 • 99
14. 예루살렘 사도회의 • 106
15. 제2차 선교여행 • 113
16. 필립비와 데살로니카에서 • 121

17. 베레아에서 아테네로 • 129

18. 고린토 교회가 세워지다 • 137

19. 제3차 선교여행 • 144

20. 모든 교회에 대한 염려 • 154

21. 결박된 바울로 • 162

22. 두 번에 걸친 투옥 • 171

23. 그리스도를 본받는 사람 • 180

24. 바울로의 사랑 • 186

    부록 : 소티리오스 트람바스 대주교와의 대화 • 192

추 천 사

　이방인들의 위대한 사도, 그리스도 다음의 첫째, 성 요한 크리소스톰에 의하면 '그리스도의 입', 맨 윗 사도들 중의 하나인 사도 바울로에 대해서는 셀 수 없이 많은 저서들이 있습니다. 학문적인 논문들과 영적인 내용으로 구성된 책들과 일반적인 기사들 그리고 언어학적 문헌들이 있습니다. 그리고 이것들은 지금도 계속해서 쓰여지고 있습니다. 왜냐하면 사도의 삶과 가르침은 무궁무진한 광석이 묻혀 있는 광산과 같기 때문입니다. 우리가 파고들면 들수록 가치 있는 광석들이 더 많이 발견될 것입니다.
　이 책에는 또한 특별한 것이 있습니다. 이 책은 어릴 때부터 사도 바울로를 사랑했고, 이 위대한 사도의 발자취를 따랐으며, 청년이 되어서는 그리스도께 자신의 삶을 바치기로 위대하고 신성한 결심을 한 하느님의 사람에 의해 저술되었습니다.
　사도 바울로의 모습은 저자에게 영감을 주었습니다. 사도 바울로가 그리스도를 모본하는 모습은 그에게 생기를 불어넣어 주었습니다. 사도 바울로의 말씀은 지금까지도 그에게 영적 양식을 주고, 영적 갈증을 해소해 주고 있습니다. 그래서 그의 삶은 지금도 계속 "내가 그리스도를 본받는 것처럼 여러분도 나를 본받으십시오."(I고린토 11:1)라고 말씀하신 사도 바울로를 본받으면서 그리스도를 증언하고 있습니다.

만일 한 아이가 태어나고 성장하는 데 있어서 태어난 장소와 환경이 결정적이고 중요한 역할을 하는 것이 사실이라면 이것은 이 책의 저자에게도 적용됩니다.

하느님의 섭리는 비시디아의 소티리오스 트람바스 대주교가 사도 바울로가 선교를 위해 여행하며 걸어 다녔던 곳에서 태어나고 성장하고 공부하고 군복무하고 그리스뿐 아니라 다른 지역에서도 선교 사업을 할 수 있기를 원했던 것입니다. 누구든지 이 책의 서론을 읽으면 오늘날의 그리스 안팎에 있는 많은 지역으로 세 번의 선교여행을 한 사도 바울로와 함께 저자가 동행한 부분에서 감동적인 표현법을 발견하게 될 것입니다.

소티리오스 대주교님의 책에 대해 특별히 위에서 언급한 내용은 다음과 같이 설명이 될 수 있을 것입니다. 이 책은 여타 다른 건조한 여행기들과는 다릅니다. 매 쪽마다 신약성서에 언급된 역사적인 사건들과 많은 흥미로운 고고학적 요소들과 위대한 신학적 진리가 독자들로 하여금 사도 바울로를 사랑할 수 있도록 도와주고 있고, 사도 바울로를 통해 그리스도를 더욱 더 사랑할 수 있도록 도와주기 위해 저자의 개인적인 삶도 함께 기록되어 있습니다.

소티리오스 대주교님의 책이 정교회출판사를 통해 출판되는 것은 특별한 영광이고 기쁨입니다. 이 책이 출간된 것은 비단 위에서 말씀

드린 이 책이 가진 훌륭한 점들 때문만이 아니라, 하느님에 대한 희생적인 사랑으로 삼십 삼 년 동안 한국교회의 성장을 위해 활동하신 존경하는 인물에 대해 겸손하게 감사를 표현하는 기회가 되기 때문이기도 합니다.

한국정교회는 선교를 위해 쉬지 않고 일하신 소티리오스 대주교님께 많은 빚을 지고 있습니다. 이 분의 이름은 한국교회 역사의 한 페이지에 기록이 되겠지만 그것보다도 먼저 "생명의 책"(필립비 4,3)에 올라갈 것입니다.

정교회 한국대교구
+ 암브로시오스 조성암 대주교

- 본 도서는 2011년 1월부터 8월까지 평화신문에 연재되었던 '위대한 선교사 사도 바오로'를 엮어 출판하였습니다.
- 본문에 나오는 성서구절, 인명, 지명 등은 '공동번역 성서' 표기를 따랐습니다.

- 도움을 주신 분들

  오세택 기자 (평화신문)
  전대식 사진기자 (평화신문)
  백영민 사진기자 (평화신문)
  황 이냐시오 수사
  그리스 에기온의 성 요한 신학자 수도원
  아가티 백은영 수녀

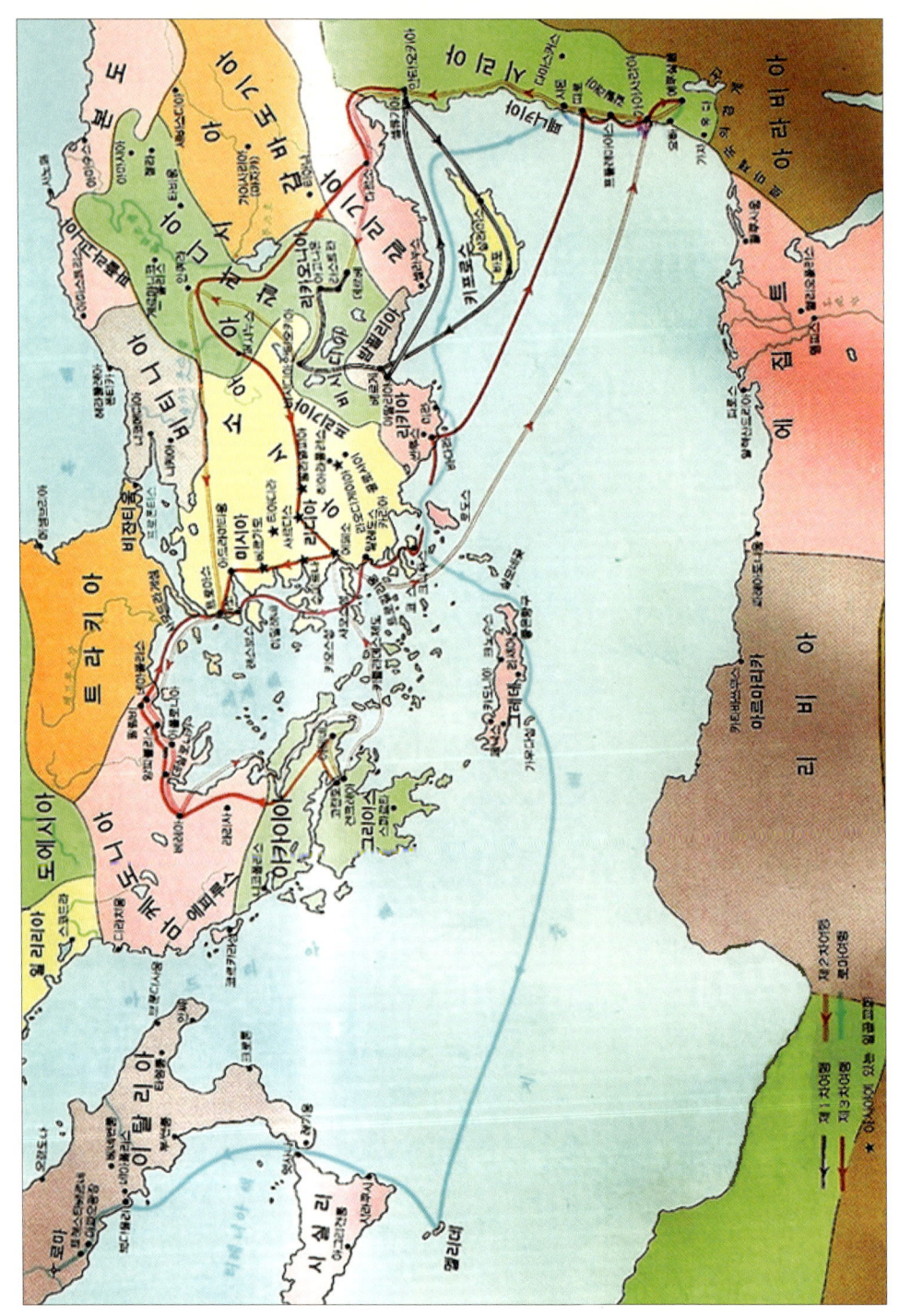

위대한 선교사 성 사도 바울로의 선교여행

1
한 평생, 바울로 사도와 함께

바울로 사도와의 귀한 인연

　어느 누가, 동서로 2500km 가량 뻗은 히말라야 산맥을 탐사하고, 이 중 가장 높은 해발 8848m 에베레스트(초모랑마) 산 정상에 대해 알려달라는 청을 받았다고 치자. 그 요청에 흔쾌히 당장 그러겠다고 말할 사람이 있을까? 아마 그런 사람은 찾기 어려울 것이다. 힘없는 다리와 부실한 체력을 생각하지 않을 수 없기 때문이다.
　그렇다면 사도들 가운데 으뜸이고 살아있을 때 벌써 '셋째 하늘'에까지 들어 올려진(2고린토 12,2 참조) 사도를 널리 알리는 일을 맡는다면 아마 훨씬 더 주저하게 될 것이다. 그가 바로 '그리스도 예수의 사도로 부름을 받은'(1고린토 1,24) 성 바울로 사도다. 우리는 하느님이신 그리스도 다음으로 거룩한 성모를 공경하지만 성 바울로 역시 구원 역사에서 큰일을 하신 사도로 여긴다.
　교회는 바울로 사도를 '으뜸' 사도라고 부르며, 열두 사도 가운데 또 으뜸인 베드로 사도와 함께 6월 29일에 축일을 지낸다. 교회는 특별한 이유가 없는 한 성인들의 축일을 주로 그 성인이 잠든 날(돌아가신 날)로 정한다.
　전승에 따르면 이 두 사도는 네로 황제 박해 때 순교했으나 정확히 언제인지는 알려져 있지 않다. 로마의 그리스도인들이 우상숭배자들로부터 두 사도의 거룩한 유해를 보호하고자 로마의 아피아 가도에 있는 성 세바스티아노 카타콤으로 성해를 옮긴 날을 기념하면서

위대한 선교사 성 사도 바울로

교회는 두 사도의 축일을 같은 날에 지내게 됐다.

예루살렘 사도회의에서 두 사도는 교회의 두 큰 기둥으로서 베드로 사도는 할례 받은 이들(유다인)에게 복음을 전하는 위임을 받았고, 바울로 사도는 다른 민족에게 복음을 전하는 위임을 받았지만 훗날 유다계 그리스도인들과 다른 민족의 그리스도인들 사이에 견해 차이가 빚어진다(갈라디아 2,9 참조). 하지만 이 두 사도 축일을 함께 지내도록 결정함으로써 베드로 사도와 바울로 사도에 대한 견해가 일치한다는 데 그 의미를 둔다.

이 책은 복음 선포에 온 생애를 바친 바울로 사도의 삶과 업적을 살펴보려는 데 취지를 두고 있다. 이 위대한 성인을 사랑하고 존경하는 마음으로, 또 사도를 널리 알리고 싶은 바램으로 이 글을 쓴다.

지금까지 살아오는 가운데 바울로 사도와 갖가지로 얽힌 인연이 있다. 내 삶의 국면 국면마다 엇갈리면서도 만나게 되는 바울로 사도께서 내게 이 글을 쓰라고 권하는 것 같다.

바울로 사도와의 첫 인연은 고국에서 비롯된다. 그리스 이피로스 지방 니코폴리스로부터 40km 떨어진 고대도시 아르타가 바로 내가 태어난 고향이다. 디도에게 보낸 사도의 편지에 나타나듯(디도 3,12 참조) 바울로 사도는 주후 66년 가을에 니코폴리스를 찾았고, 그곳에서 겨울을 보낸다.

이 도시는 기원전 31년 로마 황제 아우구스투스가 악티움 전쟁에서 승리를 거둔 뒤 승전을 기념해 세운 도시다. '니코폴리스'는 '승리한 도시'라는 뜻이다. 이피로스 지방의 중심 도시이자 로마 식민 도시로 건설된 이 유서 깊은 도시는 오늘날 알바니아와 국경을 접한 그리스 북서 지방에 있다.

학창 시절, 고대 니코폴리스에 답사를 간 적이 있다. 성벽 잔해와 거대한 극장, 배 모양의 스타디움, 아이스퀼로스의 그리스 고대 비극을 공연하던 극장이 보존돼 있었다. 45km 떨어진 샘에서 도시에 물을 공급하던 수로 잔해들이 유독 눈에 띄었는데, 이 수로를 통해 니코폴리스에 물을 공급했던 바로 그 샘에서 내 고향 도시 아르타는 물을 공급받고 있다. 사도께서 니코폴리스에서 겨울을 나며 마신 그 샘물을 내가 마시고 있다는 생각에 어린 내 마음이 얼마나 벅찼던지!

또 초대 그리스도인들의 거대한 성전도 인상이 아주 깊었다. 그 성전들 가운데 하나는 길이가 75m에 폭이 48m 규모였는데, 바닥에는 멋진 모자이크가 남아 있었다. 이런 장방형 바실리카 성전들이 여덟 군데나 발굴됐다. 초대 그리스도교 시대에 이처럼 웅장한 성전들이 세워졌다는 것은 당시 사도께서 뿌리신 생명의 씨앗이 얼마나 많은 열매를 맺었는지를 증명한다.

답사 길에서 성전들을 둘러보면서 어린 우리들은 열정으로 가득 찬 사도께서 분명 이 길을 지나며 복음 말씀으로 생명의 씨앗을 뿌리셨을 것이라는 생각에 가슴이 벅찼다.

6월 29일 거행되는 아레오파고의 예식

바울로 사도와의 인연은 신학을 공부하기 위해 유학한 아테네로 이어진다. 아테네는 바울로 사도의 설교를 직접 들은 도시다. 사도행전에는 바울로 사도가 아테네 아레오파고에서 어떤 말씀을 했는지 잘 기록돼 있다(17,16-31 참조). 지금은 그곳에 바울로 사도 말씀 전문이 새겨진 현판이 있다. 처음 아테네에 도착했을 때, 아레오파고

아레오파고 언덕에서 설교하는 바울로 사도

정상으로 오르는 계단을 처음 밟으며 벅찬 감동을 느낀 적이 있다.

　바울로 사도의 설교로 당시 아테네 사람들은 그때까지 알지 못했던 참된 하느님에 대해 처음 듣게 된다. '아레오파고'라는 이름은 원래 '아레스의 언덕'이라는 뜻이다. 아레스는 그리스 신화에서 전쟁의 신, 곧 군신(軍神)이다. 현재 위치해 있는 아레오파고 가까이에 아레스 신전과 그 신의 동상이 있었다고 해서 그 언덕을 '아레오파고'라고 부르게 됐다.

　아레오파고는 아크로폴리스 가까이에 있는 115m 정도 높이의 큰 언덕이다. 그곳에 고대 그리스 시대의 아테네 대법정이 있었고, 후에 이곳에는 대법정뿐 아니라 아테네 시의회도 자리잡게 된다. 여기에서 시의회는 법률 제정과 그 법률을 집행하고 감독하는 임무까지 도맡았다.

바울로 사도는 바로 그 입법과 사법, 행정 중심지에서 아테네 사람들이 당시까지 알지 못하던 신, 즉 하느님에 대해 연설을 한다. 당시 그곳은 아테네 사회를 대표하는 지성인들과 철학자들이 모이는 곳이기도 했기 때문이다.

그 아레오파고에서는 해마다 성 베드로와 성 바울로 축일인 6월 29일 저녁이 되면 바울로 사도를 기념하는 장엄한 예식이 거행되며 사도행전에 실린 그의 말씀을 봉독한다. 이 예식에 참여한다면, 우리도 그 순간에만 맛볼 수 있는 감동을 전율처럼 느낄 수 있을 것이다.

"아테네 시민 여러분…, 내가 아테네 시를 돌아다니며 여러분이 예배하는 곳을 살펴보았더니 '알지 못하는 신에게'라고 새겨진 제단까지 있었습니다. 여러분이 미처 알지 못한 채 예배해 온 그분을 이제 여러분에게 알려 드리겠습니다"(사도행전 17,23).

이천 년 전 울려 퍼졌던 바울로 사도의 목소리를 다시 그 자리에서 듣는다는 것은 우리가 쉽게 생각하는 '기억'의 의미가 아니다. 기억한다는 것은 단지 머리로만 행하는 일이 아니다. 그것은 지금 이 자리에서 그 때를 다시 사는 것이다.

성찬례를 제정하실 때 주님께서 "나를 기념하여 이 예식을 행하여라"(루가 22,19)라고 하신 말씀은 이것을 뜻한다. 우리는 날마다 성찬례를 거행하며 주님 사랑을 다시 살고 있지 않은가. 기억하지 않으면 상실한다. 잊으면 잃는다.

아레오파고는 유명한 아크로폴리스의 파르테논 신전 맞은편에 자리하고 있다. 초대교회 때 펼쳐진 선교 역사를 살펴볼 때, 이교도 신전이 즐비하고 세속 학문의 극치를 이루던 곳인 아테네의 아크로폴리스, 고대 그리스 문화의 정수가 찬란하게 꽃핀 그곳에서 용기를 내 하느님을 선포한 바울로 사도의 연설은 유례가 없는 것이었다.

해마다 6월 29일 저녁이 되면 이렇게 유서 깊은 아레오파고의 제일 높은 곳에서 아테네 대주교와 수십 명의 주교들, 수백 명의 사제들이 자리한다. 그 아래에는 수천 명의 신자들이 바울로 사도 시절 신자들이 있던 그 자리에서 당시 바울로 사도가 선포하신 그 말씀을 듣는다. 그리고는 모두 함께 바울로 사도의 찬양송을 부른다.

"만방에 복음을 전하시고, 지극히 위대한 현자이시며, 아테네인들의 스승이시고 아름다운 교회를 세우신 이시여, 우리는 기뻐하며 찬양합니다. 당신의 투쟁과 그리스도를 위해 겪으신 고초와 당신의 고매한 순교를 존경합니다. 성 사도 바울로시여, 그리스도 하느님께 우리의 영혼을 구하도록 중보하소서."

예수 그리스도를 위한 성 바울로의 투쟁, 그가 겪어야 했던 고초, 그리고 순교로 완성되는 그의 일생을 기리는 것은 그의 삶을 모범으로 삼아 우리 또한 그 길을 걷고자 하는 열망 때문이다.

놀랍게도 아테네 대학에서 공부하던 시절 내가 머물던 기숙사 이름도 '사도 바울로'였다. 어딜 가든 늘 바울로 사도를 만날 수 있었다고나 할까.

기숙사 중앙에 걸린 바울로 사도의 크고 아름다운 성화는 내 일상에서도 늘 그의 존재를 느끼게 했고 또 많은 영감을 주었다.

2
고린토, 데살로니카, 필립비에서

고린토의 황폐한 유적지에서 바울로 사도의 열정적 선교의 씨앗이 현재를 살고 있는 우리들에게 영적인 향기로 열매를 맺고 있다. 시공을 초월한 교감을 현대의 전승처럼 표현해 봤다. 〈작가 노트〉

유럽 최초로 필립비에 복음을 전하다

아테네 대학을 졸업하고 병역 의무를 위해 간 곳이 바로 고린토였다. 사도의 발자취가 남아있는 고대 고린토 가까운 곳에 신병훈련소가 있었고, 우리는 그곳에서 군사훈련을 받고 행군을 했다.

사도는 두 번째 선교여행 중 일 년 반을 이곳에 머무르고, 그 유명한 고린토 교회를 세웠다. 주후 56~57년에 이 교회 공동체에 보낸 편지가 신약성서에 나오는 고린토 신자들에게 보낸 첫째 편지와 둘째 편지이다.

폐허만 남은 고대 고린토에 처음 갔을 때, 나는 아카이아 지역의 로마 총독 갈리오의 재판정 앞에 서서 사도행전 18장을 떠올렸다.

로마총독 갈리오에게 재판을 받고 있는 바울로 사도(왼쪽)와 당시의 대리석 법정이 오늘날까지 보존되어 있다.(오른쪽)

고린토의 유다 광신자들이 사도를 벌하라고 로마 총독 앞에 끌고 갔던 곳, 그 대리석 법정이 오늘날까지 보존돼 있다. 유다인들에게 고발당한 사도는 로마 총독의 석방 판결을 듣고 아마 크게 고무되었으리라.

"유다인 여러분, 만일 이 사건이 무슨 범법이나 악한 범행에 관련된 것이라면 당신들의 고발을 들어주겠소. 그러나 이것은 말과 명칭과 당신들의 율법에 관련된 것이니 만큼 당신들이 알아서 처리하시오. 나는 이런 사건을 처리하는 재판관 노릇을 하고 싶지 않소"(사도행전 18,14-15).

바울로 사도는 그렇게 풀려나 선교를 계속할 수 있었다.

고대 광장으로 향하는 길을 한참 가면, 아퀼라와 브리스킬라의 집과 천막공장이 있다. 고린토에 머무는 동안 사도는 자신과 일행의 경비를 조달하기 위해 그 공장에서 일을 했다. 또 함께 일하는 사람들과 공장에 오는 사람들에게 그리스도에 관해 말했으며, 이렇게 해서 차츰차츰 그리스도를 믿는 고린토인들이 늘어난다.

유다인 회당장인 그리스보도 온 가족과 함께 세례를 받았다. 고린토 교회는 이렇게 세워졌다. 이 도시에서 오늘날 볼 수 있는 웅장한 '성 사도 바울로 성당'은 이 도시를 그리스도 신앙으로 이끄신 사도께 드리는 경건한 찬미와 감사의 표시다.

고린토에서 신병훈련을 마치고 병역 의무를 이행한 곳 역시 바울로 사도 흔적이 남아있는 데살로니카였다. 그리스 북쪽에 있는 데살로니카는 아테네 다음으로 큰 그리스 제2도시로, 알렉산더 대왕의 여동생인 데살로니키 왕비를 기리기 위해 카산드로스 왕이 세운 도시다.

고린토의 성 사도 바울로 기념 성당

주후 50~51년에 바울로 사도는 소수 유다인을 제외한 데살로니카의 많은 우상숭배자들에게 그리스도를 선포했고, 그 결과 데살로니카 교회는 당대에 가장 활기찬 그리스도 교회들 가운데 하나로 발전했다. 우리가 신약성서에서 보는 데살로니카 신자들에게 보낸 첫째, 둘째 편지는 바울로 사도의 복음 선포 활동과 공동체를 이끌어 가는 모습을 증언하고 있다.

고대 도시들이 있던 그곳에는 오늘날까지 바울로 사도를 기념하는 성당들이 많이 남아 있어 지금도 전례활동이 이뤄지고 있다. 그 지역에 뿌리를 둔 마을뿐 아니라 모든 도시들이 바울로 사도와 연관된 이름을 갖고 있는데, 이는 데살로니카와 바울로 사도가 얼마나 깊이 연결돼 있는지를 보여준다.

뒤에 내가 군종신부로 근무했던 부대가 마케도니아의 필립비 근교였다는 것도 단순히 우연이라고만 생각할 수는 없다. 이 도시는 알렉산더 대왕의 부친 필립보스 왕에 의해 기원전 365년에 세워졌으며, 필립비라는 도시 이름은 설립자에게서 따왔다. 이 곳은 바울로 사도가 그리스도의 복음을 선포한 유럽 최초의 도시다.

세례를 받은 초대 교인들 가운데 티아디라 출신의 자주색 옷감을 파는 리디아가 있었는데(사도행전 16,14 참조) 그녀는 자신의 집에서 바울로 사도와 그 일행들을 머무르게 하고, 유럽에서는 최초로 '가정 교회'를 시작했다. 그 이후에 웅장한 성당들이 계속 세워졌다.

고고학자들은 이곳에서 일곱 군데의 고대 성당 잔해들을 찾아냈는데, 그 중 제일 큰 성당은 길이 130m에 폭 50m 규모였으며, 그 옆에는 바울로 사도가 갇혔던 감옥의 흔적도 남아 있다. 사도행전에서 설명하는 그 사건 이후에 이 도시의 부호들이 사도를 그의 일행 실라와 함께 투옥시켰던 감옥이다. 감옥 내부를 보기 위해 입구에서 고개를 숙이면 바울로 사도와 실라가 그리스도의 거룩한 이름을 위해 인내하기에 합당하게 여겨졌음에 감사해서 불렀던 찬송이 들리는 듯하다. 감옥의 기초가 뒤흔들리고 문이 열리고 죄수들의 사슬을 풀어놓은 강력한 지진으로 인해 간수는 그리스도를 믿고 그의 온 가족과 함께 세례를 받게 됐다고(사도행전 16, 25-34 참조) 성서는 기록하고 있다.

지금까지 이러한 인연에 덧붙여 나의 사제 서품 이야기를 하지 않을 수 없다. 바울로 사도가 내 삶에 특별한 분이 된 것은 바로 서품식 때문이다. 성직에 입문하기로 했을 때 내 서품식 날짜는 6월 27일로 정해져 있었지만, 갑작스런 대주교의 사정으로 정해진 날짜에 서품식을 거행할 수 없었다. 결국 서품식은 성 베드로와 바울로 사도 축일인 6월 29일 거행됐다. 이렇게 바울로 사도는 내 생애에 깊숙이 들어오게 된 것이다.

    그 후 선교사로서 내 생애 후반부를 한국에서 보내며 여러 도시에 성당들을 건축하게 됐다. 그 중 한 성당을 인천에 세웠고, 사도 성 바울로의 이름으로 헌정했다. '성 사도 바울로 성당'은 축복받은 정교회 공동체 일원으로 크게 발전하고 있다. 2008년에 나는 한국 풍습에 따라 서울에서 팔순 잔치를 하고, 한국 대교구장 자리에서 물러났다.

    정교회 세계 총대주교청 '주교 시노드'는 내가 한국 대교구장에서 은퇴하는 것을 승인했지만, 동시에 나를 비시디아의 대주교이며 시디와 아딸리아의 주교로 선출했다.

    사도행전 13장에 기록돼 있는 것처럼, 사도는 시리아의 안티오키아에서 그의 위대한 선교여행을 시작하고 소아시아에 있는 비시디아의 안티오키아를 거쳐 첫 번째 선교여행을 마친 뒤 아딸리아를 통해 예루살렘으로 돌아갔다. 이 지역은 사도의 탄생지인 다르소가 있는 길리기아 지역과 이웃하고 있다.

    바울로 사도의 삶의 흔적을 더듬어 보고 그의 위대한 일생을 소개한다는, 쉽지 않은 과제에 응하게 된 것은 바로 이러한 개인적 인연 때문이다. 주님 사랑으로 내 삶은 으뜸이신 사도와 맺어져 있다.

    이 글을 쓰게 된 것은 주님 뜻이고, 바울로 사도도 허락했으므로 가능했다고 나는 믿는다. 바울로 사도와 나의 개인적 인연에 대해서는 이 정도로 그치도록 하고, 이제 바울로 사도의 삶과 중요한 업적을 살펴보도록 하자.

3
탄생지 길리기아의 다르소

바울로 사도의 출생지 다르소 지역의 산들은 거대하고 원시적인 골기를 갖고 있다. 이 험난한 준령을 걸어서 선교했다니 나는 도저히 믿을 수가 없다. 그분의 담대함과 열정은 이 웅대한 자연의 기운을 타고났음을 빛으로 상징했고, 산 위의 길들은 험난한 선교의 길을 상징한다. 〈작가 노트〉

"나는 유다 사람으로 다르소의 시민이오"

내가 비시디아의 대주교이자 시디와 아딸리아의 주교직에 선출된 2008년에는 바울로 사도 탄생 2000주년을 기념하는 전 세계 그리스도교인들의 축제가 한창이었다.

그 당시 정교회 세계 총대주교청은 바울로 사도를 기념하는 국제 학술회의를 개최했다. 그 학술회의는 바울로 사도가 활동했던 도시 콘스탄티노플에서 시작해 에페소와 베르게-아딸리아로 계속 이어져서 개최되었다. 아딸리아에서 마지막 국제회의가 끝난 후에 한국을 포함한 여러 나라들에서 온 회의 참석자들은 바울로 사도가 1차 선교여행 기간 중에 거쳐 간 해안도시 아딸리아로부터 시작해 바울로 사도의 발자취를 따르는 성지순례를 했다.

국제 교류의 중심지 다르소

이제부터 바울로의 탄생지인 길리기아의 다르소를 찾아 순례를 시작해보기로 하자.

배가 동부 지중해를 항해하여 메르시나 항구에 도착하면 도시 위로 우뚝 솟은 타우로스산이 보인다. 다르소는 해안에서 불과 20km 거리에 있기에 흰 눈에 덮인 이 높은 산의 수많은 산봉우리들이 보는 이들을 압도하며 다가오는 듯하다. 산봉우리들에서 쏟아져 내린 물은 계곡에 생명을 주고 거대한 원시의 산은 말없이 거기에 서 있다.

타우로스 산처럼 바울로 사도의 영적 세계도 그 분의 드높은 정신과 열정, 그 예언적 깊이와 결단력과 함께 거기에 우뚝 서 있다. 소아시아를 여러 차례 오가며 복음을 전하고 유럽을 그리스도교로 변모시킨 이 담대한 선구자는 어떤 분이었을까? 다르소와 예루살렘이라는 두 도시가 그분의 성장에 결정적 영향을 끼쳤다.

"나는 길리기아의 다르소 출신의 유다인으로 그 유명한 도시의 시민입니다"(사도행전 21,39). 이는 바울로 사도가 로마총독에게 처음 잡혔을 때 하신 말씀이다.

다르소는 국제교류의 중심이며 두 개의 문화가 경계를 이루는 옛 도시로서 서쪽의 그리스-로마 문화와 동쪽의 셈족과 바빌로니아 문화가 만나는 곳이다. 역사가 스트라본(B.C 64~A.D 21)에 따르면 바울로 사도 시대의 다르소는 교육과 철학 분야에서 아테네나 알렉산드리아보다 훨씬 우위를 차지했다고 한다.

수많은 스토아 철학자 중 첫손에 꼽히는 아테네도로스는 다르소 출신으로 이곳에서 제자들을 가르쳤다고 한다. 그의 명성은 대단해 로마 황제 아우구스투스는 그를 스승으로 택했고 죽을 때까지 자신의 고문으로 삼았다. 아테네도로스의 윤리 교육은 그리스도교 교리로 연결된다.

그는 이런 말을 남겼다. "신은 우리 각자의 양심입니다. 신이 당신을 보고 계신 것처럼 다른 사람들과 살아가십시오. 그리고 다른 사람들이 당신 말을 듣고 있는 것처럼 신과 대화하십시오."

이러한 사상들은 바울로가 살았던 다르소에서 회자되고 교육됐

바울로 사도의 출생지 다르소에 있는 클레오파트라 여왕 성문

다. 바울로는 그곳에서 그리스 철학을 충분히 공부했고 많은 구절들을 기억에 담아두었다가 설교나 서신에 사용했다. 로마의 유명한 철학자이자 정치가였던 키케로도 다르소의 로마 지방 총독을 지낸 적이 있다.

바울로는 그리스식 교육을 받고 그리스 언어를 쓰고 그리스식 사회생활로 특징되는 환경에서 살았으며 어린 시절부터 그리스어를 잘 배웠기에 모국어처럼 말할 수 있었다.

상류계층에 속한 바리사이파

바울로의 부친은 옷감을 파는 부유한 상인이었고 천막 제조 공장도 갖고 있었다. 이 때문에 바울로는 어렸을 때부터 천막 제조 기술을 배웠던 것이다. 그는 상류계층에 속했고 그와 그의 아들 바울로는 로마시민권을 가질 수 있었다. 종교적인 면에서 보면 그의 부친은 바리사이파로서 바울로 역시 이 종파에 속했다.

그의 유다식 이름은 사울이며 유다회당에는 그렇게 알려져 있다. 로마 시민으로는 그리스화된 이름 바울로로 등록해 놓았다. 신약성서에서 두 이름이 함께 쓰이는 것은 이 때문이다.

그리스어가 공용어였던 그 시대에 바울로를 세계만방의 사도가 되도록 예정하셨던 주님께서는 그가 그리스식 교육이라는 도구를 갖추도록 예비하셨던 것이다. 후에 바울로 사도 자신도 그를 "어머니 배 속에 있을 때부터"(갈라디아 1,15) 선교의 봉사를 위해 예비하셨던 주님 섭리를 감사히 여겼다.

다르소에는 유다인의 회당 즉 시나고그(Synagoge)가 잘 형성돼 있었다. 바울로의 부친은 민족과 종교에 대한 신념이 투철해 아들에게 히브리 원전으로 성서를 배우게 했다. 바울로는 학교에서는 그리스어로 된 칠십인역 성서(Septuagint)를 배웠다. 그들은 집과 유다정착촌 밖에서는 그리스어로 말했다.

유다인 사회에서는 아이가 다섯 살이 되면 신명기 5장과 6장에 쓰여 있는 율법(토라)의 중요한 계율들과 대축제에서 찬양하게 될 시편 113~118편을 배우게 된다. 어린 사울은 여섯 살에 회당의 학교에 가서 민족 역사를 배우고 그 다음 해에는 삼손의 영웅담이나 다윗왕의 승리담 같은 성서에 나오는 역사를 배웠을 것이다. 열 살이 되던 해에는 랍비들의 수많은 금기사항들과 그보다 더 많은 의무사항들을 기록해 놓은 「언약」(言約)(미스나)을 배워야 했을 것이다. 그 계명들이 어린 바울로의 영혼을 얼마나 억압했던가는 로마서 7장 9절에서 11절을 보면 짐작할 수 있다. 그리고 「탈무드」 경전은 열다섯 살에 배웠다.

열다섯 살 때 예루살렘으로 유학

사울의 부유한 부친은 아들에게 최상의 교육을 시키기를 원해 열다섯 살 소년을 예루살렘의 성전 신학교로 보냈던 것 같다. 율법교사가 되기 위해 갔던 이 학교의 교장은 당시 모든 랍비들 가운데 최고로 존경 받았던 가믈리엘이었다.

사도행전을 보면 그에 관한 이야기가 있다. "모든 백성에게 존경을 받던 율법교사 가믈리엘이라는 바리사이파 사람이…"(5,34)

바울로는 처음 체포돼 이스라엘 백성들에게 변론할 때 이 사실을 자랑스럽게 말한다. "나는 유다인입니다. 나기는 길리기아의 다르소에서 났지만 바로 이 예루살렘에서 자랐고 가믈리엘 선생 아래에서 우리의 조상이 전해 준 율법에 대해서 엄격한 교육을 받았습니다"(사도행전 22,3).

현명하고 사려 깊은 가믈리엘 곁에서 공부하는 동안 구약성서를 체계적으로 온전하고 명확하게 공부하고 해석하는 세 가지 방법을 익힌다. 열네 편의 그의 서신들을 보면 전형적이고 상징적인 방법과 적절하고 당시대에 맞춰 적용하는 방법과 알레고리(비유법)를 사용하고 있다.

성서는 사울을 매혹시켰다. 그는 두 개의 언어로 성서를 외웠다. 그의 서신들은 구약성서의 인용구를 많이 담고 있는데 대략 200개의 절들로 추산된다. 성서는 그의 정신을 살찌워 그를 위대한 인물로 만들었다. 그러므로 그는 성서를 세상의 가장 큰 보물로 생각했던 것이다.

물론 바울로는 그의 복음을 구약에 의존하지 않고 그리스도에게서 직접 받은 계시에 의존하고 있다. 그가 성령의 인도로 구약을 해석하고 성서의 신비한 해석의 도움을 받아 성서의 실제 의미를 드러내고 있다. 이 사실을 "율법은 그리스도께서 오실 때까지 우리의 후견인 구실을 하였습니다."(갈라디아 3,24)라고 증언하고 있다.

이처럼 현자인 사도는 신도들의 정신적인 교육을 위해 구약성서의 가치를 무시하거나 제외시키려는 사람들에게 답변하고 있다.

구약성서를 깊이 알고 성령의 인도로 올바른 해석을 함으로써 이산 유다인들(디아스포라 히브리인들)을 그리스도의 교회로 이끌었던 것이다.

4
박해자 사울, 회심자 바울로

폭도들에게 돌팔매질 당하는 스테파노의 얼굴은 천사처럼 빛난다. 그러나 사울은 스테파노를 돌로 친 자들의 옷을 맡아뒀다. 그 장소에 그가 함께한 것은 폭도들과 같이 그도 돌팔매를 던진 것이나 마찬가지였다. 그 때 장면을 그려 봤다. 〈작가 노트〉

끔찍한 박해자였던 사울을 사도로 부르시다

그 당시 예루살렘에서 '사울'로 불렸던 바울로는 성전의 학교에서 신학 공부를 모두 마치고 율법교사가 돼 스승과 작별하고 예루살렘을 떠난다. 예수께서 아직 대중 앞에서 복음을 전파하기 전이라 사울은 예수를 본 적이 없었다. 그의 남다른 열정으로 미뤄보면 고향 길리기아의 다르소로 돌아온 사울은 동포들 회당에서 율법교사로 여러 해 동안 봉직했을 것이다.

예수의 십자가 죽음과 부활

한편에서는 천지개벽 이래 가장 중대한 사건이 일어났다. 골고타에서 사형에 처해진 예수의 속죄 희생과 부활이다. 이 소식은 예루살렘에서 돌아온 순례자들을 통해 다르소에 알려지기 시작했다. 각자는 그 사건을 달리 해석했다. 성 금요일과 오순절에 있었던 충격적 사건에 관해 사람들은 많은 이야기를 했다.

유다 전통에 탁월한 식견을 갖고 있고 다르소의 율법교사로 일했던 그는 나자렛 사람의 가르침을 따르는 유다인의 수가 계속 불어나고 있다는 소식도 들었다. 평범한 사람들뿐만 아니라 제사장들까지 신앙을 버리고 나자렛파로 기울었다(사도행전 6,7 참조). 키프로스

태생의 레위인 요셉은 나자렛 예수를 믿고 이름을 '위로의 아들'이라는 뜻의 바르나바로 바꾸었고, 토지를 팔아 그 돈을 사도들에게 바쳤다(사도행전 4, 36 참조).

오순절을 예루살렘에서 지내고 길리기아에 돌아온 그의 동향인 세 사람, 즉 안드로니코스와 유니아, 헤로디온은 모세율법을 멀리하는 편에 속하게 됐다. 이러한 일들이 사울의 마음을 어지럽혔고 더 견딜 수 없게 된 사울은 직접 예루살렘으로 가야만 했다.

예루살렘에는 길리기아 유다인들이 다니는 회당이 있었는데 사울은 그곳으로 갔다. 거기서는 매주 안식일 예배 후에 예수 제자들에 관해 큰 논쟁이 벌어졌다. 스테파노가 연설했던 자리가 바로 이러한 집회였다.

스테파노는 메시아가 고난을 당하고 죽는다고 했던 예언자들을 언급하면서 예언자 이사야가 메시아를 묘사한 것처럼, 십자가에 달리신 예수는 고난당한 '하느님의 종'이라고 주장했다. 큰 소동이 일어났지만 아무도 지혜와 성령으로 말하는 스테파노를 당해낼 수가 없었다(사도행전 6, 10 참조).

급기야 유다인들은 폭력에 호소하게 됐고, 고함과 협박으로 스테파노를 붙잡아 장터 좁은 길로부터 의회로 끌고 갔다. 그들은 파렴치한 광신적 유다인들을 선동해 이 사람이 거룩한 성전과 율법에 거슬리는 불경한 말을 그치지 않는다고 말하도록 시켰다(사도행전 6, 13 참조).

스테파노가 변론을 다 마치기도 전에 유다인들은 화가 나서 이를 갈면서 판결도 없이 그를 성 밖에 돌팔매질하는 곳으로 끌고 갔다. 사형선고를 받은 자들을 돌로 쳐 죽이는 곳이었다.

돌팔매질로 죽임을 당하는 성 스테파노 첫 순교자, 오른쪽에 사울이 서있다.

스테파노를 돌로 쳐죽인 사울

사도행전의 이 대목을 대하면서 우리는 끔찍한 이율배반을 만나게 된다. 사람이 잘못된 종교적 광신에 사로잡힐 때, 어디까지 추락하게 되는가. 하느님 법을 지킨다는 명목으로 그 자신이 죄악에 빠져 불법을 자행하게 되는 것이다. 하느님 이름을 내걸고 다른 사람을 죽이는 것보다 더 최악의 불법이 있을 수 있을까.

오늘날에도 그러한 범죄는 여전히 자행되고 있다. 자신들의 종교법을 수호한다고 믿는 잘못된 사람들에 의해 한둘이 아니라 수천의 무구한 사람들이 생명을 잃는다. 역사는 수만 가지 모습으로 오늘도 여전히 반복되고 있다.

사울도 폭도들과 함께 달려가 돌팔매질 장소에 먼저 온 자들과 합세했다. 사도행전 8장 1절은 "사울은 스테파노를 죽이는 일에 찬동하고 있었다."고 전한다. 율법교사로서 그는 스테파노에게 돌을 던지지 않았으나 그리스도의 첫 순교자를 죽인 자들의 겉옷을 맡아주는 일을 했다. 성 아우구스티노스는 바울로가 스테파노를 돌로 친 자들의 옷을 맡아 주었던 것은 모든 이들과 함께 스테파노를 돌로 친다는 뜻이라고 했다.

이 날은 사울에게 평생 잊을 수 없는 날로 남게 된다. 그 사건이 온 생애 동안 양심의 가책으로 그를 괴롭혔던 것을 볼 수 있다. 스테파노를 돌로 쳐 죽인 것은 빈번히 그의 기억에서 되살아나고 있다(사도행전 22,22 및 26,10과 갈라디아 1,23 참조). "나는 사도들 중에서 가장 보잘것없는 사람이요 하느님의 교회까지 박해한 사람이니 실상 사도라고 불릴 자격도 없습니다"(1고린토 15,9).

그가 그날 밤 단 일초라도 눈을 붙일 수 있었을까? 그의 내면에서 얼마나 많은 갈등이 일어났을까? 스테파노가 정말로 죄인이었을까? 만일 그렇다면 어떻게 그의 얼굴이 천사처럼 빛났던 것일까?(사도행전 6,15 참조) 정말로 그랬다. 그만의 환상이 아니었고, 모두가 그것을 보았던 것이다.

돌을 맞아 피가 흘러내리는 순간에도 살인자들을 위해 기도하고자 무릎을 꿇고 부르짖을 힘은 어디서 나오는 것이었을까? "주님, 이 죄를 저 사람들에게 지우지 말아 주십시오"(사도행전 7,60). 이 모든 것이 그의 마음을 뒤흔들고, 이 바리사이파 율법학자 마음속에서 되살아났던 것이다.

그는 자신의 책무를 다해야만 했고, 무력으로 나자렛파 이단을 근

절해야만 했을 것이다. 그는 예루살렘 교회 신도들의 축출에 앞장섰다. 사울 자신이 그 동료들과 함께 "교회를 쓸어버리려고 집집마다 돌아다니며 남녀를 가리지 않고 끌어내어 모두 감옥에 처넣었다"(사도행전 8,3)고 한다.

예루살렘교회 신도 축출에 앞장

이 일은 한동안 계속됐다. "사울은 여전히 살기를 띠고 주의 제자들을 위협하며…"(사도행전 9,1). 그는 예루살렘의 그리스도인들만이 아니라 다른 도시와 마을들, 나아가 시리아 다마스커스까지 박해의 손길을 뻗칠 준비를 했다.

바로 여기에서 우리 상식을 뒤집는 일이 일어난다. 어떻게 주님은 끔찍한 박해자를 선택해 그를 사도로 세우실 수 있었을까?

"오! 하느님의 풍요와 지혜와 지식은 심오합니다. 누가 그분의 판단을 헤아릴 수 있으며 그분이 하시는 일을 이해할 수 있겠습니까?… 영원토록 영광을 그분께 드립니다. 아멘"(로마 11,33-36)하고 바울로 사도 자신이 외친다. 주님은 무한한 사랑으로 캄캄한 어둠 속에 있던 박해자를 강력한 손으로 붙들어 세 번째 하늘로까지 들어 올리신 것이다.

그 위대한 회심자들 가운데 한 사람인 성 아우구스티노스를 결정적으로 주님께 이끈 말씀이 바로 바울로 사도의 로마서 구절(13,13-14 참조)이었던 것은 우연이 아니었으리라.

그러므로 그 누구도 죄를 지었거나 그리스도와 그 교회를 멀리했다 해서 절망하고 포기해서는 안 된다. 앞으로 우리가 계속 보게 될 박해자 사울에게 하신 것처럼 그리스도께서는 사람들의 상식으로는 이해할 수 없는 놀라운 방식을 사용하여 당신의 빛으로 정결하게 씻어주실 것이다.

5
커다란 변화

광채 속에서 사울은 진정 슬픔에 찬 눈의 예수님을 만난다. 말에서 떨어져 눈부신 빛 때문에 감았던 두 눈을 떴으나 사울은 장님이 됐다. 주님이 보낸 아나니아가 그의 머리 위에 손을 얹자, 그제서야 눈에서 비늘 같은 것이 떨어지고 다시 빛을 보게 되는 기적의 순간을 맞는다. 바울로 사도의 굳건한 믿음의 초석이 된 이 사건을 극적 장면으로 그려봤다. 〈작가 노트〉

"주님, 저 자신을 당신께 바치게 하소서"

바울로는 지나온 자신의 삶을 '그리스도를 모르던' 시대와 '그리스도 안에 거하던' 두 시대로 나눈다. 어떻게 이러한 변화에 이르게 되었을까?

사울은 나자렛 추종자들 중 많은 사람들이 스테파노로 인한 대박해 중에 예루살렘을 떠나 여러 지역으로 흩어져 살고 있다는 사실을 알게 되었다. 대부분의 사람들은 규모가 큰 유다인 정착촌들 가운데 하나인 시리아의 다마스커스로 갔다. 수천 명의 유다인들은 '배교자'라는 낙인이 찍혀 위험에 처하게 됐다. 이 위험한 소굴은 박멸돼야 했기에 사울은 그리스도인들을 체포해서 예루살렘으로 이송해 재판을 받도록 하는 일을 쉽게 하고자 다마스커스 대제사장들에게 보내는 대사제 추천을 받아서 다마스커스로 출발했다.

사울은 억제되지 않는 격정에 사로잡힌 사냥꾼이었다. 무장한 무리를 이끌고 다마스커스로 떠났다. 그는 말을 타고 여드레 동안 여행했다. 만일 나자렛파가 모든 곳을 장악한다면, 유다교는 끝장날 것이기에 그는 그들에 대한 아주 강렬한 미움이 자신의 마음속에서 불같이 일어나고 있음을 느꼈다. 이것이 당시 사울이 처한 심리 상태였다. 그 스스로는 결코 그리스도인이 될 수 없었을 것이다. 자신이 점점 빠져드는 어둔 심연을 깨닫기 위해서는 그의 마음속에서 예기치 못한 놀라운 사건이 일어나야만 했다.

사울은 동료들과 함께 한 낮의 뜨거운 태양 속에서 다마스커스 평지에 있는 푸른 숲으로 둘러싸인 오아시스로 다가갔다. 갑자기 하늘에서 밝은 빛이 그의 주위에서 빛났고 사울과 그 일행은 눈부신 빛 때문에 땅에 엎드렸다. "한낮에 하늘에서 번쩍이는 빛을 보았습니다. 그 빛은 해보다도 더 눈부시게 번쩍이며 저와 저의 일행을 두루 비추었습니다"(사도행전 26,13).

불타는 광채 속에서 그는 자신을 바라보는 진정 어린 슬픔에 찬 아름답고 고요한 두 눈을 가진 '하늘에 속한 그분'(1고린토 15,48 참조)의 얼굴을 봤다고 말했다. 광채 아래 그 눈빛은 아무런 거역도 할 수 없도록 그를 마비시켰다.

그리고 하나의 소리가 히브리말로 그에게 말했다. 애통해하듯이, 정감에 차 불평하듯이, 한 번 두 번 그의 이름을 부르는 슬픔에 가득 찬 소리가 들렸다. "사울아, 사울아, 왜 나를 박해하느냐?"(사도행전 26, 14). 번개처럼 그에게 양심의 가책이 밀려왔다. 예수님은 살아 계시다. 스테파노는 예수님을 본다고 진실을 말했던 것이구나, 충격적 순간이었다.

"주님, 주님은 누구십니까?" 이 질문이 그의 마음속에서 나오기까지 얼마나 시간이 흘렀는지 우리는 알 수 없다. 그 말은 그의 의구심이 아니라 놀라움을 나타낸 것이다. 그리고 부드러운 소리가 울린다. "나는 네가 박해하는 예수다." 그 순간 그에게 예수님의 빛나는 얼굴은 피와 상처로 범벅이 된 모습으로 나타났고, 거기에는 이미 흘린 순교자들의 피가 굵게 방울져 흘러내리고 있었다. 그리스도의 신비한 몸은 당신 자녀들의 고난으로 고통을 겪고 계시다는 생각이 다시 사울의 머릿속을 번개처럼 스쳐 지나갔을 것이다.

"사울아, 사울아, 왜 나를 박해하느냐?"

눈부신 빛 때문에 장님이 되다

바로 그때 하나의 빛이 신비의 샘에서 흐르는 샘물처럼 그의 마음 속에서 시작되었고 강물처럼 온 마음에 넘쳐흘렀다.

"그리스도의 얼굴에 빛나는 하느님의 영광을 깨달을 수 있게 해 주셨습니다"(2고린토 4,6). 믿음의 빛이 그 안에서 일어났던 것이다. 새로운 삶의 시작이었다. 그것은 (그리스도께) '순종하게 될'(2고린토 10,6 참조) 자유 의지로서의 승인이었다. 그의 마음속에는 그 짧은 순간의 경험에서 티끌만한 의심도 남지 않았다. 후에 그가 고백했듯이(1고린토 15,8 참조) 부활하신 그리스도를 실제로 봤고, 그분과 말씀을 나눴다는 확실한 믿음을 갖고 있었다.

사울은 분명 몽상가가 아니다. 그는 자기 서신들에서 다섯 번이나 설명했듯이 자기 앞에 부활한 그리스도를 봤고, 자신이 핍박하던 메시아께 순종하게 됐으며, 그 결심으로 이렇게 물었다. "주님, 무엇을 할까요?" 그것은 마치 다음과 같이 말하는 듯했다. '주님, 저를 취하시고 저 자신을 당신께 바치게 하소서. 당신을 따르고 당신 종이 되고 싶습니다.' 그는 훗날 자신의 서신에서 '예수 그리스도의 종'으로 서명하게 된다. 사울이 땅바닥에서 일어났을 때 그는 예수님의 참된 종이 되어 있었다. 그는 예수님의 지시를 따르기로 결심했다. "일어나서 시내로 들어가거라. 그러면 네가 해야 할 일을 일러 줄 사람이 있을 것이다"(사도행전 9,6).

주님의 지시 이후에 사울은 일어나 눈부신 빛 때문에 감고 있던 눈을 떴으나 아무것도 보지 못했고 장님이 되었다. 당황해 곤혹스럽게 서서 그는 손으로 더듬어 동료들을 찾으려고 했다. 일행은 조심스레

앞이 보이지 않는 말없는 사내를 시내로 데려갔다. 지금도 바울로라는 이름으로 불리는 성문을 지나면, 오늘날에도 그 흔적을 찾을 수 있는 훌륭한 고린토식 기둥들이 좌우로 늘어선 1km '곧은 길'이 나온다. 그 길을 지나 유다라고 불리는 한 히브리인 집으로 그를 데려갔다. 사울은 자신에게 제공된 방으로 들어가 사흘 동안 식음을 전폐했다. 그는 무엇을 기다렸을까? 그리스도께서는 그가 무엇을 해야 할지 시내에서 알게 될 것이라고 말씀했기 때문이다.

첫날이 지나고, 둘째 날이 지나도 그에겐 아무것도 들리지 않았고 아무것도 보이지 않았다. 그러나 그는 예수님께서 자신에게 하신 말씀을 반드시 이룰 것이라고 믿고 기다렸다. 그때부터 주님 뜻이 나타날 때를 인내하고 기다려야만 하는 경우가 우리 삶에서는 많이 있음을 알게 되었다.

기다릴 수 있다는 것은 그 자체가 덕이지만 때로는 매우 고통스럽기도 하다. 그렇게 주님 섭리가 이뤄지는 시간은 정해져 있다.

사울은 자신의 마음속에서 지나온 삶의 잔해를 꺼내어 밖으로 내보내고 그리스도 안에서 새로운 삶을 싹 틔우는 데 사흘이 걸렸던 것이다. 주님께서 보내신 아나니아는 70인 사도들 가운데 한 사람으로, 사울의 방으로 찾아가 손을 그의 머리 위에 얹고 말한다. "사울 형제, 나는 주님의 심부름으로 왔습니다. 그분은 당신이 여기 오는 길에 나타나셨던 예수님이십니다. 그분이 나를 보내시며 당신의 눈을 뜨게 하고 성령을 가득히 받게 하라고 분부하셨습니다"(사도행전 9,17). 그 즉시 사울의 눈에서 비늘 같은 것이 떨어져 나가고 다시 빛을 보게 되었다.

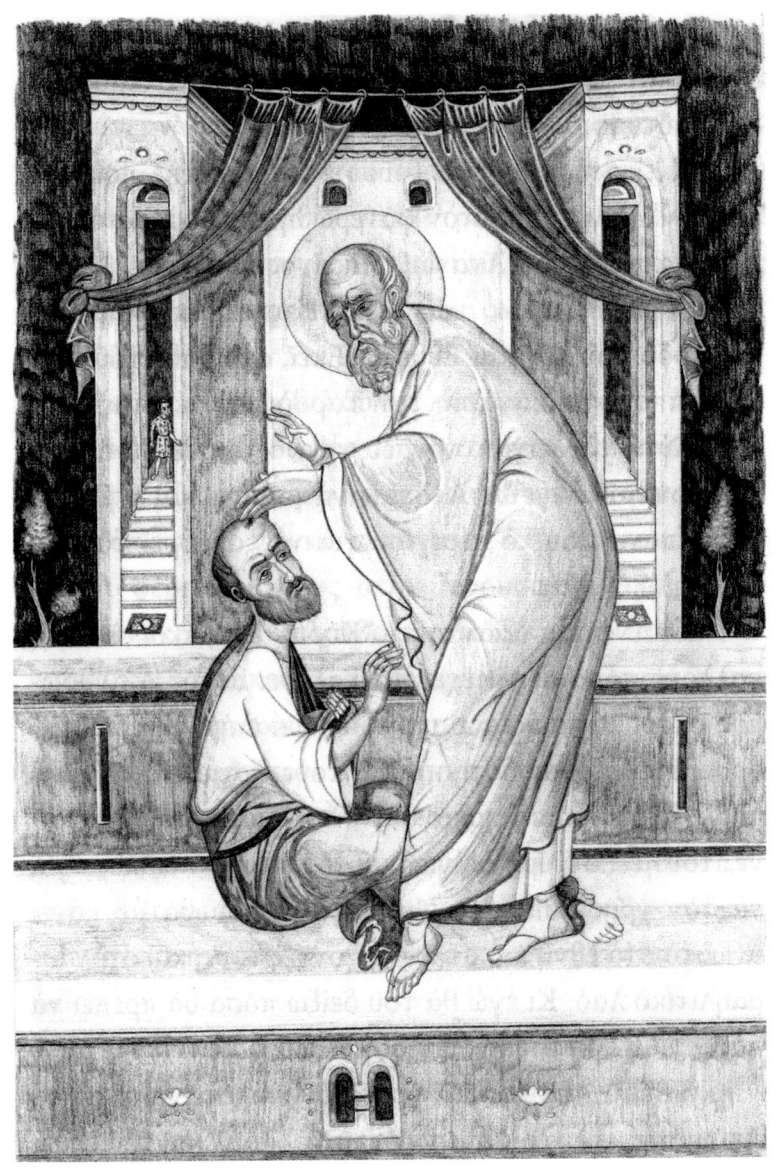

아나니아를 통해 눈을 다시 뜨게 된 사울

아나니아 기념성당 내부

비늘 같은 것이 떨어져 나가다

'사울 형제!' 형제라는 말은 그리스도 안에서 한 믿음을 갖게 된 사람들 안에서만 통용되는데, 아나니아가 이 말로 처음 자신을 불렀을 때 사울은 어땠을까? 그 대단하던 사울이 평범한 아나니아 앞에 꿇어 앉아 첫 번째 교리 문답을 한다. "사울 형제여, 예수가 메시아이시고 하느님의 아들이심을 믿는가?" 아무것도 먹지 못한 채 사울은 그리스도에 대한 흔들리지 않는 믿음으로 흐리사로아 강으로 내려가 아나니아에게 세례를 받았다. 그는 이미 그리스도의 빛 속에서 성령의 세례를 받았으므로 세례성사의 신비로 그리스도 교회에서도 이제 그를 받아들여야만 했다.

단 며칠 사이에 그의 삶을 완전히 뒤바꿔놓은 근본적 변화가 일어났다는 것은 놀라운 일이다. 그것은 지속되지 못한 일시적 감상의 충동이 아니다. 그것은 그가 일생 동안 수없이 적대시 당하고 매를 맞고 돌팔매질 당하고 채찍질 당하고 마지막 순교할 때까지 감옥에 갇히면서도 지켜낸 '믿음'의 굳건함으로 증명된 주님의 놀라운 역사였다.

이처럼 바울로 사도는 전에는 박해자로, 후에는 사도이자 예수 그리스도의 종으로 죽는 날까지 모든 그리스도인의 믿음과 영적 행보에 있어서 굳건한 불굴의 모본으로 우뚝 서 있다.

6
성년기

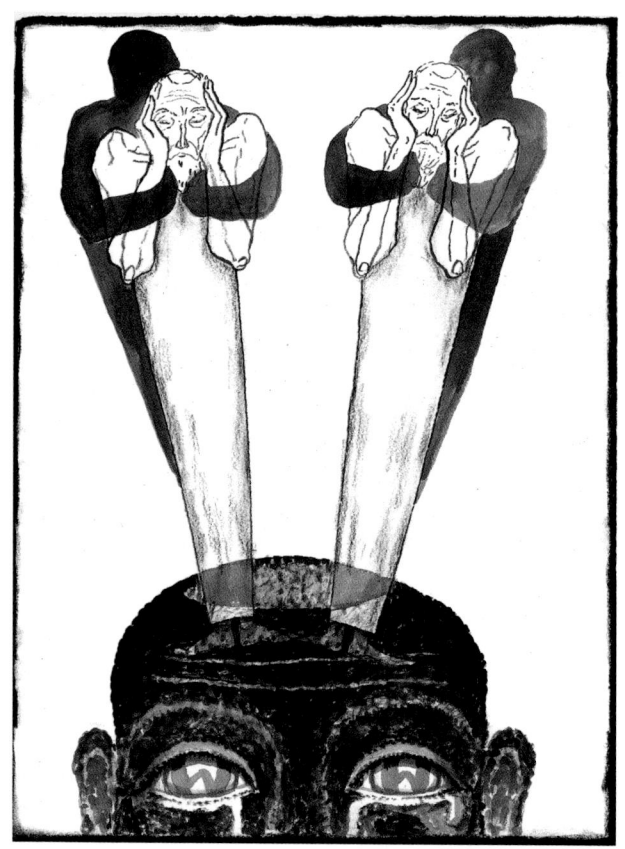

스테파노 사건과 예수님의 지체인 교회를 박해한 사건은 바울로 사도를 평생 따라다닌 멍에였다. 그의 아픔과 비탄의 눈물이 됐던 두 개의 가시는 언제나 그를 괴롭혔다. 사도의 열정 속에 숨겨진 아픔을 재구성했다. 〈작가 노트〉

첫째가는 죄인, 그리스도의 종으로 부름 받다

다마스커스로 가는 길에서 박해자 사울이 예수 그리스도를 만났고, 그날부터 그의 삶이 변화됐기에 '다마스커스의 길'은 우리에게 그리스도인으로의 올바른 변화와 동의어가 됐다. 교회사나 순교사는 그리스도인들을 적대시하거나 고문했던 수많은 박해자들이 주님의 빛을 경험한 후 그리스도에 대한 자신들의 믿음을 공언하고 적지 않은 사람들은 순교까지 했음을 보여 준다.

'다마스커스의 길'은 모두에게, 심지어 범죄자에게나 가장 타락하고 방탕한 자에게조차 포기하지 않고 열려 있다. 다마스커스의 길에 나타나 사울을 구원하셨듯이, 그리스도는 우리를 구원하시기 위해 가장 놀라운 방법으로 우리 삶에 들어오신다.

다마스커스로 인도하는 그 길을 우리도 뒤따라 가보자. 성 가까이에 다가섰을 때, 성을 가로지르는 큰 강으로부터 수정 같은 물을 공급받는 다마스커스의 초원(Ghoufa)이 눈앞에 펼쳐져 있음을 보게 된다. 야자수와 사과나무, 도금양(늘푸른 떨기나무) 같은 탐스러운 유실수들이 성곽을 둘러싸고 있다.

다마스커스는 해발 690m에 자리하고 있으며, 세계에서 가장 오래된 도시 중 하나다. 창세기는 그 도시를 아브라함 시대에도 있었다고 말한다(창세기 14~15장 참조). 그러나 요셉은 다마스커스는 아람의 아들이며 셈의 손자인 우스(창세기 10,23)에 의해 세워졌다고

다마스커스 구 시가지 전경

기록한다. 고대 아랍 시인들은 다마스커스를 '동방 세계의 눈'으로, '사막의 진주'로 불렀다.

아랍 전통에 따르면, 마호메트는 다마스커스를 천국으로 지칭했다고 한다. "사람들에게 천국은 한 곳뿐이다. 다마스커스에서 살아 보면, 지상의 다른 어느 곳에 가도 이 같은 천국을 발견하지 못한다."

사울을 찌른 두 가시

다마스커스의 성문으로 들어가 보자. 그 문을 통해 바울로가 성으로 들어갔으므로 그때부터 그의 이름이 붙여졌다. 우리는 옛날의 '곧은 길'로 향하기로 하자. 그곳에는 사울이 기거했던 유다의 집이 있고, 그곳은 후에 그리스도의 성전이 세워졌던 것으로 보인다. 하지만 오늘날 이 자리에는 이슬람 사원인 자미(Jami)가 들어서 있다. 이곳으로 그리스도의 사도 아나니아가 사울을 찾아왔다. 아나니아와 사울이 얼마 동안 함께 보냈는지, 그리고 아나니아가 주님 편에서 사울에게 정확히 무엇을 드러내 보였는지는 알 수 없다.

하지만 사울이 홀로 주님과 함께 있을 때 사울의 입장이 돼 볼 수는 있을 것이다. 맨 처음 그를 전율시킨 것은 자기 자신이 조금 전까지도 핍박했고 감옥에 가뒀고 사형에 처했던 그리스도를 믿는 사람들이, 실은 무죄하고 오히려 칭송받을 만한 사람들이라는 점이었을 것이다. 돌팔매에 상처투성이가 돼도, 자신을 죽인 자들에게 죄를 돌리지 말도록 주님께 간구할 힘을 가졌던 스테파노의 빛나는 얼굴을 어떻게 잊을 수 있겠는가! 자신의 죽음에 동참했던 바로 그 사울을 위해서도 스테파노는 기도했던 것이다. 조금 전까지만 해도 자신의 행동이 하느님 권위와 율법을 수호한다고 생각했던 사울의 마음은 날카로운 가시에 찔리는 것 같았을 것이다.

그를 찌른 또 다른 가시는 더 날카로웠다. 예수님께서 그에게 하신 말씀이 그것이다. '네가 나를 믿는 자들을 핍박했을 때 그것은 그 사람들만 핍박한 것이 아니라 나도 핍박한 것이다. 나를 믿는 사람들은 곧 나의 지체를 이루고 있기 때문이다.' 사울은 주님이 그에게 "사울아, 사울아, 왜 나를 박해하느냐?"하고 말씀했던 이유를 깨닫기 시작했던 것이다.

사울은 예수님을 만나 본 적이 없고, 그의 동료들이 그를 붙잡아 십자가에 못 박았을 때에도 예루살렘에 있지 않았다. 그러므로 그는

고린토식 기둥이 남아있는 다마스커스 옛도시

결코 예수님 박해에 가담한 적이 없다. 그러나 그가 주님의 지체인 교회를 핍박했기에 주님을 핍박한 것이 됐다. 바울로 사도는 마음속에 박혀 있는 그 두 개의 가시를 결코 제거할 수 없었다.

죄인이라 고백

그는 자기 서신들에서 여러 번 그 사실을 언급했다. "나는 하느님의 교회를 몹시 박해하였습니다. 아니, 아주 없애버리려고까지 하였습니다"(갈라디아 1,13). "내가 전에는 그리스도를 모독하고 박해하고 학대하던 자였습니다"(1디모테오 1,13). "하느님의 교회까지 박해한 사람이니 실상 사도라고 불릴 자격도 없습니다"(1고린토 15,9).

"그리스도 예수께서 죄인들을 구원하시려고 이 세상에 오셨다는 말은 틀림없는 것이고 누구나 받아들일 만한 사실입니다. 나는 죄인들 중에서 가장 큰 죄인입니다"(1디모테오 1,15).

생애 마지막까지 그가 이처럼 느끼고 공공연하게 고백한 것을 보면, 수많은 아픔과 비탄의 뜨거운 눈물로 주님의 사도 아나니아 앞에서도 그러한 고백을 했으리라는 것을 알 수 있다(아나니아는 다마스커스의 초대 주교가 됐다고 전해진다).

단지 그뿐만이 아니다. 그때까지 그의 삶 속에서 자라 온 정신이 뿌리째 뽑히고, 삶의 새로운 원칙들을 그 안에 심어야 했을 때, 그러한 거듭남은 시간과 마음의 진정과 신중함, 과거 잘못된 믿음의 반성을 필요로 했을 것이다. 이후 바울로는 이렇게 말했다. "하느님을 아는 데 장애가 되는 모든 오만을 쳐부수며 어떠한 계략이든지 다 사로잡아서 그리스도께 복종시킵니다"(2고린토 10,5). 그리고 마침내 "낡은 것은 사라지고 새것이 나타났습니다"(2고린토 5,17)고 말했다. 그 모든 것 안에서 "새 사람"(에페소 4,24)이 나온 것이다.

정신의 사막에서 이 같은 신중함의 필요는 갈라디아인들에게 보낸 편지(1,17 참조)에 적힌 것처럼, 당연히 바울로를 아라비아로 향하도록 떠밀었을 것이다. 옛날 사람들은 아라비아를 둘로 나눴다. 잘 알려진 아라비아 반도와 다마스커스 외곽에서 유프라테스 강에 이르는 암석으로 된 아라비아로 나눈다. 거기에는 나바티아 왕국이 있고 그들의 왕인 아레타스는 헤로데 안티파스와 원수 사이였다. 그러므로 바울로가 그곳으로 와서 변했다는 것을 알고, 그에 대적해 일어났던 유다인들에게 더 이상 고난을 겪지 않아도 됐을 것이다.

큰 사건들 이후 바울로 사도는 주님의 사도 아나니아가 가르친 것들을 마음에 새기고, 가는 곳마다 항상 성서를 지닌 채 풀 한 포기 없는 고지대 사막으로 향했다. 사막은 늘 위대한 예언자들과 성 대 바실리오스, 나지안조의 성 그레고리오스와 성 요한 크리소스톰 그리고 수많은 교회의 위대한 교부들을 키워 낸 곳이다.

사랑으로 행동하는 믿음

이곳에서 "그리스도 예수의 종... 나는 사도로 부르심을 받아"(로마 1,1) 바울로는 주님과 끊임없이 소통하며 성서의 바리사이파식 해석을 재검토하고 개정했을 것이다. 율법 학자들의 율법을 하느님 뜻과는 무관한 사람들의 주문서로 배제했을 것이다. 모세 율법의 계명들의 외양만을 지키는 것은 구원은 고사하고, 인간의 몸을 취하신 하느님의 아들 예수 그리스도의 믿음과 하느님과 인간에 대한 너그러운 사랑을 보증하지 못함을 깨달았을 것이다. 그러므로 그는 훗날 우리 구원을 위해 "오직 사랑으로 표현되는 믿음만이 중요합니다"(갈라디아 5,6)라고 썼다.

아라비아 사막에서 보낸 3년 동안의 사색을 통해 바울로는 주님의 인도자로서, 세계만방을 그리스도께 이끈 사도로서 그 빛나는 업적의 진지를 구축한다.

7
사막은 즐거워하며 꽃을 피워라

유다인들은 그들의 해방자인 예수 그리스도께서 십자가에 달려 죽은 수치를 결코 받아들일 수 없었다. 그들을 만족시키지 못한 그리스도에게 유다인들은 등을 돌리고 손가락질한다. 바울로 사도는 메시아에 관한 그들의 잘못된 생각을 제거해야 했다. 〈작가 노트〉

"그리스도는 하느님의 힘이며, 지혜이십니다"

"할 말이 많은 자는 오랜 침묵에 잠겨야 하고, 번갯불을 당기려는 자는 많은 구름을 모아야 한다."

심오한 영적 삶을 사는 사람은 자기 영혼의 비밀을 쉽게 털어 놓지 않는다. 그래서 바울로 사도도 아라비아 사막에서 보낸 3년 동안의 생활에 관해 아무것도 말하지 않는다. 그렇지만 사막에서 보낸 삶 이후 행적이나 14편에 달하는 서신들을 통해 남긴 가르침으로 미뤄보면, 어느 정도는 그의 삶을 유추해볼 수 있다.

율법은 밀알의 겨 같은 존재

이제부터 그가 피신했던 암석의 아라비아 고산 지대로 바울로를 만나러 가 보기로 하자. 이곳에 사는 아랍 베두인들은 유목생활을 하며 천막에서 지낸다. 어느 여행자의 글에서 보이듯이 아라비아는 동방의 다른 어느 곳보다 천막제조업이 성행했는데, 이는 광야에 사는 수많은 유목민들에게 천막을 공급해 줘야만 했기 때문이다.

베두인들은 천막제조업자들에게 염소 털을 팔았다. 처음에는 그 털로 굵은 줄 뭉치를 만들었으나 후에는 햇빛이나 비를 차단할 수 있는 천을 짰다. 이렇게 만든 천으로 광야 유목민들은 이동주택인 천막을 세웠다. 고향 다르소에서 천막 제조기술을 배운 바울로는 생활비를 벌기 위해 일생을 그랬듯이 그 지방 천막 제조업자를 찾아가 동업을 요청했을 것이다. 동시에 필립비 신자들에게 보낸 서신에서 암시한 것처럼, 이곳에서 바울로의 영혼은 성령의 빛을 통해 높이 들렸을 것이다.

"그러나 나에게 유익했던 이런 것들을 나는 그리스도를 위해서 장해물로 여겼습니다. 그뿐만 아니라 나에게는 모든 것이 다 장해물로 생각됩니다…"(필립비 3,7-8).

이제야 그는 자신이 절대적 가치를 뒀던 율법이 밀알의 겨 같은 존재임을 깨닫게 된다. 물론 그러한 껍질이 쓸모없이 붙어있는 것은 아니다. 낟알이 다 영글 때까지 보호해주고 있기 때문이다. 그러나 낟알이 영글면 타작꾼은 낟알 껍질을 벗겨낸다. 더 이상 쓸모가 없는 껍질은 버리고 낟알만 취한다.

율법도 이와 같다. 우리가 그리스도를 받아들이도록 준비시키고 믿음을 갖도록 하기 위해 하느님에 의해 우리에게 주어졌기에 처음에는 유용했다. 그러나 그리스도께서 오심으로 우리는 그분을 믿고, 한 몸이 되어 우리 안에 그리스도께서 거하시며 그분의 온전한 가르침과 요구를 따르게 되었기에, 다양한 구속을 가진 율법은 더 이상 필요하지 않고 종말을 맞게 되었다. 우리가 주님의 은총 속에 사는 순간부터 율법은 스스로 힘을 잃는다. 바울로는 후에 이러한 생각들을 그의 서신들을 통해, 특히 로마서에서 펼쳐낸다.

바리사이파식 교육을 받은 바울로가 몰두했던 또 다른 주제는 예루살렘 교회의 절대적 가치에 관한 것이다. 대보제 스테파노의 유죄선고에서처럼, 유다의회에서 그리스도의 유죄선고에서도 위증자들 고발보다 더 무거운 죄는 그들 성전을 모독하는 언사를 했다는 것이었음은 잘 알려져 있다(사도행전 6,14, 마태오 26,61 참조).

이제 바울로는 그 유명한 예루살렘 성전과 그보다 앞서 하느님 계명에 따라 모세가 만들었던 증거의 장막은 상징적 성격을 가졌고, 그리스도를 예견하여 묘사한 것이라는 것을 깨달았다. "그리스도의 인성 안에는 하느님의 완전한 신성이 깃들어 있습니다"(골로사이 2,9). 그러므로 주님은 유다인들에게 "이 성전을 허물어라. 내가 사흘 안에 다시 세우겠다"(요한 2,19)고 말씀하셨다. 여기서 성전은 주님의 몸을 뜻하고 죽었다가 사흘 만에 부활하실 것을 두고 하신 말씀이라고 복음사가 요한은 설명하고 있다(요한 2,21-22 참조).

하느님의 하늘과 땅의 주님

후에 바울로는 히브리인들에게 보낸 편지에서 증거의 장막과 제물들, 성전과 관계된 모든 것들은 하늘의 실체를 상징하며(히브리 9,23 참조), 또한 "율법은 장차 나타날 좋은 것들의 그림자일 뿐이고 실체가 아니기 때문에…"(히브리 10,1)라고 명료하게 밝혔다. 또한 아레오파고에서 아테네인들에게 "그분은 이 세상과 그 안에 있는 모든 것을 만드신 하느님이십니다. 그분은 하늘과 땅의 주인이시므로 사람이 만든 신전에서는 살지 않으십니다"(사도행전 17,24)라고 선포했다.

바울로 마음속에서 분명하게 하고자 했던 세 번째 주제는 그리스도를 '유다인의 걸림돌'(1고린토 1,23 참조)로 특징지은 것이다. 유다인들은 메시아, 구원자, 그들의 해방자인 그리스도가 죄수처럼 십자가에 달려 죽음으로써 수모를 당할 수 있다는 것을 들을 때마다 분개했다. 랍비들, 서기관들, 바리사이파 율법학자들은 예언자들을 잘못 해석했고, 그래서 메시아 그리스도는 강력한 왕으로 오시며 이스라엘 백성의 적을 참패시키고 로마 압제자들에게서 해방시키고 시온산에 그분의 옥좌를 세우고 그곳으로부터 온 세상을 통치할 것이라고 가르쳤던 것이다.

이러한 생각은 모든 사람들뿐 아니라 주님 제자들에게도 널리 퍼져 있었다. 그래서 예수께서 제자들에게 예루살렘에 가야만 하고 대제사장들과 서기관들에게 많은 고난을 받고 죽임을 당하게 될 것을 예언하는 것을 들었을 때 베드로는 그러한 일들이 결코 주님께 일어나지 못하도록 말렸던 것이다(마태오 16,21-22 참조).

그러나 주님의 또 다른 두 명의 유명한 제자인 제베대오의 두 아들 야고보와 요한은 이 세상에 주님의 영광된 왕국이 세워질 날이 가까워왔다고 생각했을 때 자신들에게 최상의 보좌를 주기를 주님께 청했다(마르코 10,37 참조). 이 같은 생각은 나머지 다른 제자들도 상위 보좌를 원했기에 항의했던 것이다.

예루살렘 백성들도 이들과 같은 생각들을 나타내 보인 것은 아닐까? 그들은 예언자 즈가리야(9,9)가 예언했던 것처럼 '어린 나귀 등에' 앉아서 예루살렘으로 들어오시는 예수를 봤을 때, 그리고 그가 왕국을 세울 것이라고 생각했을 때 종려나무 가지를 들고 길거리로 나가 큰소리로 외쳤다. "주의 이름으로 오시는 이여, 찬미 받으소서. 지극히 높은 하늘에서도 호산나!"(마태오 21,9)

그러나 며칠 후 군인들이 예수를 잡고 그를 조롱하는 것을 봤을 때 주님께 등을 돌리고 소리쳤다. "죽이시오. 죽이시오. 십자가에 못 박아 죽이시오!"(요한 19,15)

그리스도의 십자가와 부활

바울로 사도는 메시아에 관한 히브리인들의 잘못된 인식을 제거해야만 했다. 그리스도 정신으로 구약을 다시 연구하고, 메시아가 당할 고통을 모두 다 분명히 예견했고 그것을 자세하게 묘사했던 예언자들을 올바로 해석해야만 했다. 그의 삶을 이미 인도하고 있는 예수의 빛을 갖고 새로운 해석을 한 뒤에야 바울로 사도는 다음과 같이 선포하기에 이른다.

"나에게는 우리 주 예수 그리스도의 십자가밖에는 아무것도 자랑할 것이 없습니다"(갈라디아 6,14). 그리고 "멸망할 사람들에게는 십자가의 이치가 한낱 어리석은 생각에 불과하지만 구원받을 우리에게는 곧 하느님의 힘입니다"(1고린토 1,18). 그리고 다시 힘주어 강조한다. "우리는 십자가에 달리신 그리스도를 선포할 따름입니다… 그가 곧 메시아시며 하느님의 힘이며 하느님의 지혜입니다"(1고린토 1,23-24).

결국 온 생애 동안 해온 바울로의 설교는 '그의 복음서'로 특징지을 수 있으며, 그 복음의 두 기본 축은 세상 구원을 보장해 주는 그리스도의 십자가와 부활이라고 할 수 있다.

8
아라비아에서 다마스커스로 되돌아가다

교회의 정점인 베드로와 바울로의 만남은 초대교회의 초석이 됐다. 주님의 무한한 사랑에 힘입은 두 사도가 순교할 때까지 강력한 사랑의 사슬로 하나가 되는 아름다운 모습을 그려봤다. 〈작가 노트〉

박해자로 떠나 회개한 뒤 핍박받는 자로…

"한 사람이 자신의 능력과 예수 그리스도의 은총에 힘입어 스스로를 변화시키고 이제까지 수천 년을 거쳐 오며 신을 찾아 갈증을 느끼는 모든 영혼에게 양식을 제공해 온 그런 인물은 인류 역사상 처음이며 유일하다."

이 글은 최고의 사도 바울로 연구자들 중 한 분이 쓴 것으로 실제로 바울로를 매우 훌륭하게 설명한다.

아라비아 사막에서 하느님과 끊임없이 교통(交通)한 3년은 바울로 사도의 감성적 삶과 정신세계에 근본적 변화를 가져왔다. 다마스커스에서 아나니아가 그들의 첫 만남에서 바울로에게 나타내 보였던 바로 그것을 그의 마음속에서 분명히 이해하게 됐다.

"그 사람은 내가 뽑은 인재로서 내 이름을 이방인들과 제왕들과 이스라엘 백성들에게 널리 전파할 사람이다"(사도행전 9,15). 이러한 책임의식이 그를 압박하기 시작했다. 그래서 더 이상 그는 사막에 머물 수 없었다. 그는 후에 (복음을 전하는 것은) "내가 마땅히 해야 할 일이기 때문입니다. 만일 내가 복음을 전하지 않는다면 나에게 화가 미칠 것입니다"(1고린토 9,16)라고 말한다.

어느 날 갑자기 그는 전형적인 고행자의 모습으로 사막에서 다마스커스로 돌아왔다. 그가 사막으로 떠나있는 동안 다마스커스의 정치적 상황은 바뀌어 있었다. 이 도시는 로마 황제 칼리굴라의 대표가

다스렸으나, 나바테아 왕국(요르단 암만에서 서남쪽 150km) 아레타스왕에게 양도됐으며, 아레타스왕은 총독을 세웠다. 히브리인들은 새로운 정부 아래서 상당한 자유를 누렸고 통치자의 후원을 받았다.

바울로 사도는 자신이 소경이 되었을 때 기꺼이 자신을 유숙시켰던 유다의 집에서 다시 머물렀다. 그 다음 안식일에 그는 유다인 회당으로 갔다. 성서 낭독 후에 그는 설교하기를 청했다. 그의 설교가 진행되고 구약에 근거해 메시아에 대한 모든 예언들이 예수 그리스도의 인성에서 성취됐음을, 예수께서 죽음 후 부활하시어 살아있음을 증명했을 때 수백 명이 주먹을 쳐들고 그에게 위협을 가했다.

"그에게서 물러나라! 변절자다!"

그는 간신히 빠져 나왔다. 변절자를 죽이겠다고 맹세한 사람들은 그때에 총독에게 돈을 줘 자신들의 목적이 달성되도록 설득했다. 총독은 만일 그가 도망치려고 한다면 그를 잡아들이라고 모든 성문들에 보초를 세워놓았다. 다마스커스의 그리스도인들은 사도가 위험에 처했음을 알고 피신시킬 계획을 세웠다.

그들은 밤늦게 사도를 성 옆에 세워진 집들 중 하나로 데려갔다. 그 집의 위쪽 바닥에 있는 창문에서 그는 바깥을 내다볼 수 있었다. 그들은 준비해 놓은 큰 바구니에 바울로를 들어가게 한 뒤 단단한 밧줄로 묶은 바구니를 성문 밖으로 내려 보냈다.

캄캄한 밤중에 그가 길에 닿았을 때 그곳에 예수님께서 나타나셨다. 그가 바닥에 떨어질 것을 어떻게 알고 오셨는지, 그는 감격했고 마음속 깊이 주님께 감사드렸을 것이다.

바울로가 내려선 곳은 '교회의 어머니'라고 불리는 예루살렘으로 향하는 길이었다. 마음속에서 그는 자신보다 앞서 초대교회에서 사도로 불림을 받은 이들과 교통하고 싶은 열망이 일어났다. 앞선 사도들에게 주님의 삶에 대한 생생한 기억을 듣기 위해서였다.

먼 길을 걸어온 뒤 성스러운 도시에 다가갔을 때 예루살렘은 그에게 갖가지 복합된 감정을 야기했다. 보제 스테파노를 돌로 쳐 죽인 장소를 지날 때 그가 전율했으리라는 사실은 지금도 충분히 짐작할 수 있다.

'스테파노여, 제가 여기 있습니다. 당신에게 범한 잘못을 바로잡고 싶습니다'라고 그는 말했을지도 모른다. 그는 살인자이며 박해자로 떠났으나, 회개한 뒤 핍박받는 자로 다시 돌아왔다.

예루살렘에서 바울로의 입지는 유다 정신을 배반했다는 것을 알게 된 유다인들의 적이었고, 또한 그가 교회를 얼마나 잔인하게 핍박했는지를 알고 있던 그리스도인들에게도 적이라는 사면초가의 특별한 곤경에 처해 있었다.

성전 학교에서 바울로의 옛 동기생인 바르나바(그 이름은 '위로자'라는 뜻)는 다른 사람의 영혼으로 들어가는 은사를 가졌다. 그래서 그는 바울로를 데리고 예루살렘에 남아있던 사도들, 곧 베드로와 야고보에게 데려갔다. 바울로는 당시 다른 사도들을 알지 못했다.

점잖고 동정심이 많고 항상 친절했던 베드로 사도는 갓 도착한 바울로를 불러 마리아의 집에서 유숙하게 했다. 마리아는 복음사가 마르코의 어머니였고, 바르나바는 마르코의 아저씨였다. 아마도 이 두 사도는 14일간 함께 머물며 나눌 이야기가 무척이나 많았을 것이다.

바울로 사도가 예루살렘에서 베드로 사도를 만나다.

바울로는 베드로에게서 주님이 행하고 가르친 것들을 간절한 마음으로 경청했을 것이다. 두 주간에 걸쳐 이뤄진 베드로와의 만남은 그리스도에 관해 갖고 있던 바울로의 이해를 유다 전통 위에서 더욱 공고히 하는 계기가 됐다.

바울로는 베드로에게서 주님 삶에 대해 자세하게 듣고 주님께서 성찬예식을 행한 최후의 만찬 장소로 함께 가주기를 그에게 청했을 것이다. 십자가에 못 박히신 주님의 피로 물들은 골고타도 가봤을 것이다. 골고타의 작은 언덕 위에 무언가를 기원하며 고개를 숙인 베드로를 상상해 볼 수 있다. 그가 갑자기 속삭이면서 무릎을 꿇고 "여기입니다"하고 말했다.

그래서 바울로는 떨리는 손을 십자가를 세웠던 구멍에 넣으며 베드로에게 말하는 것을 상상해 본다. "케파(베드로), 주님을 십자가에 못 박은 그들과 나는 전혀 상관없지는 않습니다. 나는 주님의 몸인 교회를 박해했습니다. 주님께서 저에게 나타나셨을 때, 그 분 자신이 저에게 그 사실을 확인시켜 주셨습니다. '왜 나를 핍박하느냐?' 그럼에도 불구하고 주님께선 저를 용서하시고 저를 사랑하시고 박해자인 저를 바로 구원하시기를 원하셨습니다."

베드로는 대답했을 것이다. "아! 나의 바울로 사도여, 주님은 항상 그렇게 하셨습니다. 그 분과 3년간 함께 지냈고 그 분의 가르침을 들었고 수많은 기적을 봤고 그 분의 사랑을 봤고 저의 발까지 씻기셨으나, 저는 다음 날 그 분을 세 번이나 부인했으며 맹세코 그 분을 모른다고 잡아뗐습니다. 이 모든 일들 후에도 재판에서도 나는 그 분을 알지 못한다고 맹세까지 했던 것입니다."

그리고 그때처럼 베드로는 눈물을 터트렸을 것이다. "부활 후 나를 용서하시고 그 분 곁에 그 분의 사도로서 아무런 일도 없었던 것처럼 나를 붙들어 두셨습니다. 그것은 모든 이에게, 그 분을 부정하거나 박해했던 이들에게까지도 베푸시는 우리 주님의 무한한 사랑입니다." 그 때 이후로 두 사도는 로마 네로 황제 박해로 인해 순교할 때까지 온 생애 동안 강력한 사랑의 사슬로 하나가 되었다.

바울로는 예루살렘에 머무르는 동안 바리사이인들과 그리스도에 대해 이야기하려 시도했고 헬라어를 말하는 유다인들에게 예수님은 메시아라고 설득시키려고 노력했다. 그 결과로 히브리인들이 그를 죽이려고 들고 일어나게 됐던 것이다.

형제들이 그것을 알게 됐을 때 그를 가이사리아로 안전하게 피신시켰고 거기에서 다시 고향 다르소로 향했다(사도행전 9,28-30 참조). 그는 예루살렘으로 돌아와 기도할 때 주님으로부터 이러한 말씀을 들었다.

"어서 빨리 예루살렘을 떠나거라… 나는 너를 멀리 이방인에게로 보낼 터이니 어서 가거라"(사도행전 22,17-21).

9
세계의 사도

바르나바와 함께 시리아의 안티오키아에 도착한 바울로는 새롭게 세운 초대교회에서 선교를 시작한다. 정신적 도움과 물질적 보답으로 서로 도와가며 점점 커져 가는 교회와 두 사도 사이의 다짐을 나타내 봤다.
〈작가 노트〉

바르나바와 함께 안티오키아에 교회를 세우다

주후 42년 봄, 바르나바는 시리아의 안티오키아를 떠나 다르소로 간다. 바울로를 찾아 히브리인 거주 구역으로 간 그에게 누군가 말해 줬다. "계속 걸어가세요. 샘이 하나 보일 텐데, 그 옆에 사울의 집이 있습니다"(이 샘은 오늘날까지 남아 있는데 '바울로 사도의 샘'이라고 불린다). 예기치 못한 이 두 사람의 만남은 실로 놀라운 일이었다.

"바르나바, 여기까지 어떻게, 그 먼 길을 오셨습니까?"

"사울 형제, 그리스도께서 당신을 부르십니다. 안티오키아에 있는 주님 교회가 당신을 필요로 합니다. 나와 함께 갑시다."

오랫동안 헤어져 있던 두 친구는 그간 서로에게 일어난 일을 말하며, 그날 밤 참으로 특별한 시간을 보냈을 것이다. 바르나바는 안티오키아가 얼마나 떨어져 있는지 설명하고, 그곳에서 행했던 복음 선포에 대해 알려줬다. 안티오키아에서 유다인들이 아니라 우상숭배자들에게 복음을 설교했는데 그 결과 많은 사람들이 우상을 버리고 집단으로 세례를 받았다.

"그렇지만 이제 많은 문제들이 뒤따르게 될 것이고 나 혼자서는 그 문제들을 도무지 감당할 수 없습니다. 형제여, 와서 나를 도와주십시오."

바울로에게는 이것이 다르소에 은거하며 오랫동안 기다려온 주님의 부르심이었다. 예루살렘에서 환영으로 나타나신 예수님은 그에게

다르소에 보존된 사도가 마셨다는 '바울로 사도의 샘'

바울로 사도가 걸었던 다르소 가는 길의 '로마 게이트'

말씀했던 것이다. "나는 너를 멀리 이방인에게로 보낼 터이니 어서 가거라"(사도행전 22,21). 이제 그때가 온 것이다.

주님은 자주 우리들에게 직접 말씀하실 뿐만 아니라 그의 사람들을 통해 메시지를 전달한다. 그리스도 안에서 맺어진 이들 두 형제는 아마도 더 빠른 길인 해상 길을 택했을 것이다. 다르소에서 킨토스 강어귀까지는 작은 배를 타고 내려갔으며, 거기서부터는 상선을 타고 셀레우키아 항구에 도착했다. 그곳은 안티오키아의 교역항이었다.

하지만 이들은 지체하지 않고 목적지를 향해 숲이 우거진 언덕에 있는 길로 접어들었다. 다섯 시간을 걸은 뒤에 작은 산에 도착했고, 거기에서 오론도스 강을 가로지르는 계곡을 만난다.

셀레우키아 항구의 현재 모습

그들 앞에 안티오키아가 펼쳐져 있다. 로마와 알렉산드리아 다음으로 세 번째 가는 로마 제국의 대도시다. 기원전 293년에 알렉산더 대왕의 장군인 니카토라스 즉, 셀레브콘 1세가 자기 아버지 안티오키아를 기념해 세운 도시다. 그 후 23개 도시가 같은 이름으로 세워졌으므로, 이 도시는 '대 안티오키아'로 불리게 된다.

시리아 수도이기도 했던 이 도시는 많은 그리스인들(아테네인, 마케도니아인, 크레테인, 키프로스인)에 의해 건설된 식민도시로 그리스 영향 아래 정신적, 상업적으로 대단히 번영한다. 이곳은 철학을 가르치는 학교가 특히 유명했는데, 여기서 후에 유명한 철학자 리바니오스가 가르친다. 리바니오스는 안티오키아가 배출한 성 요한 크리소스톰의 스승이다.

그러나 이 세계적 대도시에는 프리기아와 이집트, 피닉스(또는 베누), 시리아, 페르시아 등 여러 다른 나라 신들에 대한 광적 숭배가 만연해 있었다. 피닉스 여신인 아스타르테에게 어린아이와 성인을 바치는 풍습이 있었는데 인신공희(人身供犧)나 음란행위, 과음은 신들에 대한 숭배 의식이었다. 정말 예수 그리스도의 복음 설교가 절실히 필요한 도시가 있었다면 그곳은 바로 안티오키아였던 것이다.

동시에 안티오키아 거주민의 상당수는 유다인들이었는데 그들은 회당에서 상당수 개종자들을 끌어들이는 데 성공했다. 그들은 모세의 율법을 알고 있었고 할례를 받았으며 회당에 받아들여진 우상숭배자들이었다.

모든 사람이 믿음을 받아들이다

스테파노의 일로 박해가 일어나자 그리스도를 믿는 많은 유다인들이 예루살렘을 떠나서 안티오키아에 정착했다(사도행전 11,19-20 참조). 그들을 도우려고 예루살렘 교회는 바르나바를 파견했고, 그는 열성을 다해 더 많은 유다인들과 우상숭배자들을 교회로 이끌었다. 혼자서 그 일을 감당할 수 없게 되자 바르나바는 바울로를 데리러 다르소로 갔던 것이다. 바울로의 능력과 인품을 특별히 높이 샀기 때문이다.

이제 그리스도의 두 사도들은 안티오키아에 도착했고, 바르나바는 그의 친구를 교회 원로들이 모여 있는 곳에 데려갔다. 모든 사람들이 그를 존중하며 기쁨으로 인사했다. 그들은 주님을 봤던 그가 그들 앞에 있다는 것에 깊은 감명을 받았다.

마침내 바울로에게서 그의 생애 중 가장 아름다운 시간들이 시작됐다. 일 년 내내 이 두 형제는 서로를 도와 이 새로운 교회에서 주님의 은총으로 일했다. 돛에 성령의 바람이 시원하게 불었고, 그래서 배는 희망을 가득 담고 앞으로 나아갔다.

모든 계층 사람들이 생명의 씨앗인 믿음을 받아들였다. 보통 사람들과 노동자들, 하인들, 이들은 결코 너그러운 사랑을 받아보지 못한 사람들로 교리문답이나 설교를 들으러 갔다.

어느 집에 모여 그들은 바울로가 하느님의 훌륭한 아들에 관해서-그가 낮은 자의 모습을 취했고, 희생하는 삶을 살았고, 대속하기 위해 죽었고, 또한 부활로 사람들에게 생명과 불멸을 주었던 것에 대해-말하는 것을 들었다.

주일로 가는 토요일 밤에 피를 흘리지 않는 신성의 희생과 감사의 의식을 행하고, 그리스도와 한 몸이 되기 위해 모였다. 이러한 성찬식은 한 주 내내 정신적으로 교회를 살찌우고 신자들을 하나의 신앙적 가족으로 연결했다.

각자가 세례받기 전에 누구였는지는 상관이 없었다. 유다인이든 우상숭배자이든, 종이든 자유민이든, 여자든 남자든 "그리스도 예수 안에서 여러분은 모두 한 몸을 이루었기 때문입니다"(갈라디아 3,28)라고 바울로는 가르쳤다.

이렇게 안티오키아에는 나라 출신을 막론하고 모든 사람을 품어주는 초대 그리스도 교회가 세워졌다. 그리고 그들이 믿는 주님에 대해 예수라는 이름을 거의 사용하지 않고 그리스도라는 단어를 주로 사용했기에 세상 사람들은 그들을 그리스도인이라고 부르게 된다. 이것이 그리스도인이라는 이름이 쓰인 처음의 일이니 우리가 그리스도인이라고 불리게 된 연유가 여기에 있다(사도행전 11,26 참조).

예루살렘에 구호 헌금 보내

이들 두 사도의 설교로 주님을 믿게 된 사람들은 그 일 년 동안 많이 늘어났다. 그들은 믿음을 단지 말씀으로만이 아니라 사랑의 행동으로 보여줬다. 그래서 주후 44년 클라우디우스 황제 시절 굶주림에 처한 동포들을 위해 안티오키아의 그리스도인들은 각자가 힘닿는 대로 구호물품을 가져와 바르나바와 바울로와 함께 예루살렘의 그리스도인들에게 보냈다(사도행전 11,29-30 참조).

전에 예루살렘에 있던 사도들이 안티오키아로 파견됐고, 그들을 통해서 진실된 믿음이 안티오키아에 전파됐다. 이러한 정신적 도움을 받고 물질적으로 보답을 한다는 것은 당연한 것이다. 믿음의 결속은 사랑의 결속이 됐다. 바울로 사도의 가르침에 따라 사랑이 고무시킨 믿음이었기 때문이다.

10
전 세계로의 전파

빛이신 주님 말씀은 모든 이들에게 기쁨이 됨을 새기며, 주님 말씀을 영적 보물처럼 형상화했다. 〈작가 노트〉

바르나바와 함께 선교여행 첫 발을 내딛다

바르나바와 바울로 사도는 굶고 있는 이들을 위한 구호품을 예루살렘 교회 사제들에게 전해 주었기에 그곳에서 자신들의 임무는 끝났다고 생각했다. 그래서 그들은 시리아 쪽에 있는 안티오키아로 돌아온다.

그때 바르나바는 바울로 사도와 함께 조카 마르코를 데려가는 것이 좋다고 판단했다. 마르코는 마리아의 아들로, 그녀의 넓은 집에 사도들이 오고 가며 그리스도인들의 회중이 이뤄졌다. 아직은 그리스도인들의 성당이 없었기 때문이었다. 마르코는 겟세마니에서 주님을 따라가다가 군인들에게 붙잡혔고, 또 다른 청년들이 붙잡으려고 했을 때 도망쳤다고 복음서가 언급하는 바로 그 젊은이다.(마르코 14,51-52 참조)

선교사로 부름 받은 사도들

마르코는 주님께서 축성한 사도들을 보고 배우며 자랐다. 그래서 예수님의 모든 행적과 기적을 거의 다 알고 있었다. 그는 그 사실을 여러 해 동안 그가 수행했던 베드로의 가르침에 맞춰 그의 복음서에서 정확하게 기술했다. 바르나바는 자신의 젊은 조카에게 큰 희망을 걸었다. 마르코가 예수님과 사도들에 대해 보고 들은 것을 안티오키아 사람들에게 들려준다면 크나큰 감동을 받게 될 것이라고 확신했기 때문이었다.

안티오키아 교회는 두 사도의 선교로 한 해 동안 더 큰 발전을 보여줬다. 성령께서 신자들 가운데서 뛰어난 예언자와 교사들을 드러나도록 하셨다. 이들은 여러 나라에서 온 사람들로, 북아프리카 키레네 출신 루키오스와 마브리타니아 출신으로 보였으므로 니게르라고 불리는 시메온, 분봉왕(tetrarch, 1개 주의 4분의 1을 다스리는 영주 또는 4인 공동 통치자 중 1명) 헤로데와 함께 왕궁에서 자란 어린 시절 친구 마나엔이었다.

그들 가운데서 고향으로 돌아가거나 다른 나라들로 가서 예수 그리스도의 복음을 전파하기 위한 열정이 일어났다. 모든 교회 지체들을 향한 주님의 명령, 즉 사도들에 대한 주님의 명령을 영원히 실천하는 것이었다. "너희는 온 세상을 두루 다니며 모든 사람에게 이 복음을 선포하여라"(마르코 16,15).

주후 45년 봄이 돼서야 안티오키아 교회의 대주교들은 그들 모두에게 금식을 행하고 세계로 향한 선교를 위해 하느님께서 그 분 뜻을 그들에게 나타내도록 열심히 기도하기로 결정했다. 신비의 성체성혈성사를 거행하고자 그들은 모였다. 모두가 그리스도의 몸과 피를 나눴으므로 예언자를 통해 성령께서 그들에게 말했다. "바르나바와 사울을 따로 세워라. 내가 그들에게 맡기기로 정해 놓은 일이 있다"(사도행전 13,2). 안티오키아 교회는 곧바로 성령의 결정을 따랐다. "그들은 다시 단식하며 기도를 하고 나서 그들에게 안수를 해주고 떠나보냈다"(사도행전 13,3).

이제 바울로의 선교여행, 그 대역사가 시작된다. 당시 선교 수장은 최연장 사도인 바르나바였다. 사도들의 심장은 기쁨으로 뛰었다. 선교를 하도록 주님의 택함과 부름을 받은 사도들은 기쁨으로 순종했다. 바르나바는 기뻐하며 자신의 젊은 조카인 요한 마르코를 선교 보조자로 대동했다. 모든 교회 공동체의 축복을 받으며 셀레우키아 항구로 출발했다.

선교여행 첫 기착지 키프로스

바르나바는 셀레우키아에서 96km 떨어진 맞은편에 있는 자신의 고향 키프로스를 선교여행의 첫 기착지로 택하고 싶다고 제의했다. 이 제안이 받아들여져 키프로스의 가장 큰 항구인 살라미스에서 내렸다. 오늘날은 고대 때의 융성했던 도시의 흔적만 찾을 수 있다. 그곳이 바르나바의 고향이다. 친척이나 지인들이 사도들에게 서둘러 인사했다. 그들은 진심으로 바울로를 환영했다. 사울이 조직했던 박해, 곧 스테파노의 순교를 계기로 예루살렘에서 흩어져 키프로스로 떠나온 피란민들에게 복음을 전하고자 박해 당사자였던 사울이 키프로스로 왔기 때문이었다.(사도행전 11,19 참조)

여러 주일이 지나고 마침내 사도들은 도시 모든 회당에서 말씀을 전하는 데 성공한다. 이곳 히브리인들은 관대한 듯 보였다. 아무도 반대하지 않았기 때문이다. 복음의 씨앗이 여기 저기 뿌려졌고, 사람들에게 영향을 끼쳤다. 그들은 계속해서 다른 도시들로 나아갔다. 살라미스가 있는 키프로스 동쪽에서 파포스 서쪽까지 거리는 직선거리

바포에 일부 남아있는 아프로디테 신전

로 150km나 된다. 만일 사도들이 그 섬 15개 대도시를 방문해 예수 그리스도의 복음을 전파했다면 바포에 도착할 때까지 아마도 여러 달이 걸렸을 것이다.

　신 바포는 구 바포에서 조금 떨어진 곳에 있으며, 거기에는 그리스 신화에 나오는 미와 사랑의 여신 아프로디테의 유명한 신전이 있어 그 지역 주민들은 그를 숭배하고 있다. 신 바포는 로마 지방 총독이 다스렸다. 로마 지방 총독이라는 명칭은 로마 원로원에 속해 있는 지역 총독에게 줬던 것이다.

세루기오 바울로는 당시 키프로스 총독이었으며, 로마 귀족 가문 출신으로 학식이 고매하고 철학과 종교적 주제들에 아주 관심이 많았다. 루가는 그를 '매우 영리한 사람'(사도행전 13,7)이라고 전한다. 바울로 총독은 이방인들의 가르침이 바포 주민들에게 커다란 영향력을 끼친 사실을 전해듣고 하느님 말씀을 듣고자 사도들을 총독부로 초대했다. 그리스도교가 로마 귀족사회에 파고드는 첫 번째 사례다.

여기서 바르나바는 자신의 자리를 로마 시민인 바울로에게 내어주고 그가 설교하도록 했다. 우리는 우상숭배자들에 대한 바울로의 선교 방법을 알고 있다. 그는 철학자나 시인들 경구를 인용하면서 창조물을 통해 하느님의 본성을 알려준다. 이 설교에서 그는 "우리는 그분 안에서 숨쉬고 움직이며 살아간다"(사도행전 17,28)라는 시인 아라톤의 말을 인용했다. 그는 그리스도의 기적과 십자가의 희생과 부활을 알려주는 설교를 한다.

총독을 감동시킨 바울로 설교

세루기오 바울로 총독은 바울로 사도의 논법에 감동을 받았다. 그러면서도 그는 반대편의 의견도 듣기를 원했다. 그래서 자신을 예언자로 자처했던 바르예수라는 이름의 유다인 마술사에게 말하도록 했다. 그 마술사는 엘리마라는 이름으로 잘 알려져 있으며(엘리마는 마고스, 곧 마술사라는 뜻이다), 총독이 사도를 믿지 못하도록 방해하고 왜곡시키려고 갖은 애를 썼다.

바울로는 그때 엘리마가 진실을 받아들이려고 하지 않았기에 성령으로 충만하여 마술사를 노려보며 말했다. "기만과 죄악으로 가득 찬 이 악마의 자식아, 너는 나쁜 짓만 골라가면서 하는 악당이다. 언제까지 너는 주님의 길을 훼방할 셈이냐? 이제 주님께서 손으로 너를 내리치실 것이다. 그러면 너는 눈이 멀어 한동안 햇빛을 보지 못하게 될 것이다"(사도행전 13,10-11). 그 즉시 엘리마는 눈이 멀게 됐다.

그 기적을 본 총독은 바울로 사도의 말과 그 힘에 놀라 그리스도를 믿게 됐다. 그는 마법의 유약함을 깨달았다. 마술사가 행한 마법은 겉으로 감명을 줄 수 있으나 그 근저에는 사기나 속임수가 깔려 있다는 사실을 알게 됐다. 이러한 총독의 변화는 로마 상류층에 대한 선교로는 첫 번째로 성공한 그리스도교 선교였다.

키프로스에서 바울로 사도의 선교는 이로써 완수됐다. 여러 곳에서 그들은 그리스도교 신자들을 만들기 시작했고, 바르나바는 후에 신자들을 교회 공동체로 완벽하게 조직했다. 첫 선교가 마무리되자 바르나바는 키프로스로 돌아와 머물렀다. 거기서 자신의 조카 마르코와 함께 열과 싱을 다해 신교헸으며, 세수 57살이 되던 헤에 비르나바 사도는 히브리인들에 의해 순교했다.

11
소아시아 비시디아의 안티오키아에서

비시디아의 수도 안티오키아인들은 '멘'이라고 불리는 달의 신을 숭배했으며, 이들의 숭배의식은 주로 한밤에 광란적으로 행해졌다. 그러나 사도들의 힘찬 선교로 소아시아 첫 번째 교회가 안티오키아에 세워졌고, 이방에 교회가 세워지는 기쁨을 십자가와 달의 이미지로 표현해봤다. 〈작가 노트〉

소아시아의 첫 교회가 안티오키아에 세워지다

바울로 사도가 바르나바, 그의 조카 마르코와 함께 역사적 의미를 띤 첫 선교활동을 계속하기 위해 키프로스 바포에서 소아시아에 도착한 것은 주후 45년 가을이 끝날 무렵이었다. 사도들은 케스트로스(Kesteros) 강이 흘러내리는 아딸리아 심장부에서 배를 내려 밤필리아의 베르게로 향했다.(사도행전 13,13 참조)

여기서 마르코는 자신 앞에 놓인 산봉우리를 보자 앞으로 닥칠 고생이 떠올라 겁을 내며 예루살렘으로 돌아가겠다고 했다. 이에 두 사도는 마르코를 돌려보냈다.

사도들은 베르게를 떠나 비시디아 안티오키아로 떠났다. 그들은 케스트로스 강을 따라서 비시디아 고원지대로 들어서는 산길에 이르기까지 사흘간을 내내 걸었다. 그리고 해발 950m 고지대에 있는 에기데르 호수를 뒤로하고 계속 걸었다. 엿새째가 돼서야 비로소 당초 계획했던 선교여행 목적지에 다다른다. 해발 1100m 고지에 있는 오늘날 술탄 다기아리라고 불리는 비시디아 안티오키아가 사도들 눈에 들어왔다. 산맥의 발 밑이었다.

왜 바울로 사도는 소아시아에서 자신의 첫 선교지로 비시디아의 안티오키아를 선택했을까?

비시디아는 한때 갈라디아인들의 나라였던 아민다스 왕국 남부 지역으로, 그 당시에는 로마제국 갈라디아 구역에 속해 있었다. 로마

고대 베르게의 유적지

황제 아우구스투스와 클라디우스는 산적들과 싸우고자 도처에 로마 퇴역군인들로 이뤄진 부대를 설립해 주둔시켰다. 안티오키아의 첫 번째 퇴역군인들은 그 전에 영토 보호를 위해 케사르의 갈리아 원정에도 참여했던 이들이었다.

안티오키아는 셀레부코 1세가 자신의 부친 안티오키아를 기리고자 세웠다. 또 다른 전승에 따르면, 안티오키아는 안티오키아 3세가 건설했다고 하며 로마제국 지배 아래서는 비시디아의 수도였다.

종교적 견해에 따르면, 안티오키아는 '멘(Men)'이라고 불리는 달의 신을 숭배하는 성스러운 도시로 여겨졌다. 동시에 그들은 다른 신도 숭배했으며, 이들 숭배의식은 주로 한밤중에 광란적으로 거행됐다. 안티오키아 숭배자들은 해와 달, 별에게 성물을 바치고 수많은

비시디아의 안티오키아에 있는 성 사도 바울로 대성당 터

신전 종사자들과 함께 신성한 이름으로 위장한 방탕에 빠져 광란의 축제를 벌였다. 안티오키아에는 거대한 대리석 조각들, 크고 완벽하게 세로로 파진 홈을 가진 기둥들, 신전 잔해들이 아직도 남아 있다.

바울로는 이 도시를 시작으로 소아시아에서 사도로서 거룩한 직무에 들어갔다. 그러나 어떻게 선교를 할 수 있을지는 미지수였다. 로마법은 제국 내에서 국교와 무관하게 새로운 종교를 전파하는 것을 허용하지 않았다. 정부는 단지 회당 내에서만 개종자들이 모일 수 있는 권리를 인정했다.

그래서 바울로는 자신이 갔던 도시에서 처음에는 히브리 교민사회에 접근해 천막 제조자로 일거리를 찾았고, 당시 관습에 따라 교민사회에서 살았다. 그가 바르나바와 함께 안티오키아에 왔을 때도 당연히 그는 그곳에서 그 일을 했다.

주님 말씀 듣기 위해 많은 사람들 모여

사도행전에서 언급되듯이 첫 번째 안식일에는 회당에 갔다. 바울로는 자신을 율법교사로, 바르나바를 사제로 소개했다. 기도와 찬양에 이어 율법서와 예언서 봉독이 끝나자 회당장들이 말했다. "두 분께서 혹 격려할 말씀이 있거든 이 회중에게 한 말씀 해주셨으면 좋겠습니다"(사도행전 13,15). 그때 바울로가 일어나 조용히 하라고 손짓하며 말하기 시작했다. 사도행전 13장 16절에서 41절까지 말씀은 회당 청중에게 전하는 바울로 설교의 기본 개요를 루가를 통해 전하고 있다.

사도들이 회당을 나서자 '개종자들'과 '하느님을 경외하는 자들', 수많은 선한 유다인들이 그 설교에 감동을 받아 그들을 둘러싸고 자신들에게 그리스도에 관한 다른 것들도 말해주고 회당에서 그들에게 또 다시 설교해 주기를 청했다. 그 다음 안식일에는 사도들 설교에 대해 알게 된 거의 모든 사람들이 주님 말씀을 듣기 위해 모였다.

유다 광신자들은 바울로가 '예수님이 이스라엘의 선택된 백성들에게서 왔기 때문이 아니라 예수님을 메시아로 믿는 것'이라고 주장하는 것을 듣고 참을 수 없었다. "유다인이나 그리스인이나 종이나 자유인이나 남자나 여자나 아무런 차별이 없습니다. 그리스도 예수 안에서 여러분은 모두 한 몸을 이루었기 때문입니다"(갈라디아 3,28). 그들은 욕설과 불경스러운 말을 했던 반면 우상숭배자들은 사도들 말씀에 열광하며 박수를 보냈다.

성 사도 바울로 대성당의 암본(설교대)에 새겨졌던 십자가 문양

사도들이 자신의 도시에 와 달라 청해

그 순간 바울로는 주님의 영감을 받아 미래 교회를 위해 온전한 혁명의 의미를 가진 결정을 내렸다. 사도는 모두가 그의 말을 들을 수 있도록 진지하고 힘찬 목소리로 말했다.

"우리는 하느님의 말씀을 먼저 당신들에게 전하지 않을 수가 없었습니다. 그런데도 당신들은 그것을 거부하고 그 영원한 생명을 받을 만한 자격이 없다고 스스로 판단하고 있으니 우리는 당신들을 떠나서 이방인들에게로 갑니다. 주께서 우리에게, '나는 너를 이방인의 빛으로 삼았으니 너는 땅 끝까지 구원의 등불이 되어라.' 하고 명령하셨

4세기에 세워진 성 사도 바울로 대성당의 십자가 문양의 모자이크(왼쪽)와 제단 일부(오른쪽)

습니다"(사도행전 13,46-47). 이방인들이 빛과 구원에 대해 들었을 때 그들은 다들 기뻐했고 주님 말씀을 받아들이고 믿었다.

그 일 이후에 유다인들은 사도들이 회당에서 다시 말씀하는 것을 금지했다. 그래서 두 사도는 자신들 설교를 듣고 믿었던 사람들이 초대한 집들을 다니며 가르쳤다. 이렇게 사도들 주위에는 안티오키아의 새로운 개종자들을 위한 교회가 형성됐다. 안티오스 강물에서 첫 세례자들이 나오기 시작했다.

새로운 그리스도 신앙이 발 빠르게 광활한 지역으로 퍼져나갔다. 장터에 나온 시골 사람들도 도시 친지들이 그리스도인이 되어 경험한 행복에 대해 알게 되자 사도들이 자신들이 사는 곳에도 와 주기를 청했다.

두 사도는 술탄 다그의 양쪽과 호수 둑을 따라 있는 수많은 소도시를 모두 지나갔다. 그곳에서 사도들이 선교한 것은 거의 1년이나 된다. 그리고 이방인들이 신자의 대부분을 차지했던 소아시아 첫 번째 교회인 안티오키아 교회가 세워졌다.

12
이고니온에서

바울로 사도가 돌팔매질당하는 순간, 예전 사도께서 돌팔매질 당하는 스테파노를 방관했던 것과 비슷한 장면을 표현했다. 〈작가 노트〉

박해에도 굴하지 않는 믿음의 투사가 되다

오늘날 터키에선 얄바치(Yalvac)라는 이름으로 불리는 안티오키아를 비롯한 비시디아 전 지역은 바울로 사도와 바르나바가 뿌린 주님 말씀의 씨앗을 풍성하게 받아들였다. 그리스도를 믿었던 사람들 가운데 대다수는 유다인들과 이전의 우상숭배자들이었다. 온 세상에 그리스도의 복음이 전파되는 것을 목격하자 유다인들은 성내 귀부인과 유력자들을 선동해 바울로와 바르나바를 핍박하고 그 지역 경계선 밖으로 쫓아냈다.(사도행전 13,50 참조)

사도들은 다른 지역에서 선교를 계속하려고 비시디아를 떠났다. 하지만 굳건한 교회를 남겨놓았다. 그리고 "안티오키아의 신도들은 기쁨과 성령으로 가득 차 있었다"(사도행전 13,52)라고 루가는 전하고 있다.

이들 두 사도가 이고니온(오늘날 터키 콘야)으로 가고자 비시디아의 안티오키아를 떠났을 때는 아마도 주후 46년 가을이었을 것으로 추정된다. 사도들은 120km나 이어지는 먼지 가득한 사막 길을 걸어가야 했다. 지친 사도들은 지평선 끝에서 이고니온의 오아시스를 마주한다.

해발 1030m 고지에 세워진 도시는 오늘과 마찬가지로 푸르른 나무들로 아름다운 정원을 이루고 있다. 주민들은 그리스에서 온 갈라디아인과 로마인, 유다인들이었으며 주로 양모직조업에 종사했다. 그

바울로 사도 활동 당시의 원형 극장

래서 바울로는 쉽게 거처할 곳과 일거리를 찾았다.

　바울로 사도는 언제나처럼 이고니온의 한 회당에서 주님 말씀을 전하기 시작했다. 하지만 역시 유다인들은 사도들에게 주님 말씀 전파를 금지했다. 교회 전승에 따르면, 사도들은 이전에 우상숭배자였던 사람의 집에서 주님 말씀을 가르쳤고, 한동안은 사람들이 그 집을 가득 메웠으며 그 맞은편 귀족 저택에서 온 사람들도 말씀을 경청했다. 그 귀족 딸은 테클라라고 불렸는데, 바울로가 가르치는 동안 그 가르침에 계속 귀 기울이며 창가에서 떠나지 않았다.

　초대 그리스도교 신자들 가운데 많은 이들이 그리스도를 믿고 세례를 받고 믿음 전파에 헌신했으며 믿음을 위해 박해와 순교를 당했다. 잘 알려진 대로 교회에서 첫 번째로 순교한 여인은 테클라

안티오키아에 남아있는 성당 터

(Thecla)이며, 교회는 9월 24일에 그녀를 기억하는 축일로 정해 기념한다.

사도들은 1년 넘게 이고니온에서 선교했다. 도시 안에서만 선교한 것은 아니었다. 소도시와 시골에서도 선교를 했다. 루가는 우리에게 "많은 유다인과 우상숭배자들이 주님 은총에 관한 말씀을 듣고 사도들이 행한 기적을 보고 예수를 믿게 됐다"(사도행전 14,1-3 참조)고 전하고 있다.

그러나 믿지 않는 유다인들은 여전히 사도들을 적대하도록 우상숭배자들을 선동했다. 도시 주민들은 차츰 둘로 나뉘게 됐다. 한쪽은 유다인들과 합세하고, 다른 쪽은 사도들을 지지하였다. 이러한 상황은 곧 교착상태에 빠졌고 우상숭배자들은 유다인들 그리고 그들

이고니온에서 발굴된 십자가 문양과 상징들

의 지배자들과 함께 사도들을 괴롭히고 돌로 쳐 죽이려는 계획을 세웠다.

이러한 계획을 알게 된 사도들은 이고니온을 떠나 리가오니아 지방 도시 리스트라와 데르베와 그 인근 지역으로 피신해 선교를 계속했다. 이는 주님께서 사도들에게 주셨던 임무였다. "이 동네에서 너희를 박해하거든 저 동네로 피하여라"(마태오 10,23). 사도들은 박해에 동요하지 않았다. "그들이 나를 박해했으면 너희도 박해할 것이고…"(요한 15,20)라고 말씀하신 주님께서 또 다시 그들에게 미리 알려줄 것이기 때문이었다.

오늘날에도 이고니온에는 바울로 사도의 이름을 딴 비잔틴 성당이 남아 있다. 또 도시에서 한 시간쯤 떨어진 곳에 '성 바울로 사도

이고니온에 남아있는 성 사도 바울로 성당 터

의 굴'로 불리는 바위 위 수도원이 있다. 그 너머에는 바위를 파고 들어간 아주 오래된 모자이크 성당들이 있다. 이고니온은 수 세기 동안 강력한 그리스도교 중심이었으며, 대교회의 모습을 보여주고 있다.

두 사도는 다시 선교를 중지하고 다른 곳으로 떠났다. 강도들 소굴이었던 지역 가운데 하나인 리가오니아였다. 이틀을 걸어 리가오니아 지방 리스트라에 도착했다. 주민들은 마음씨가 고운 사람들이었지만 무지와 미신에 빠져있었다. 도시 성문 앞에서 사도들이 제일 먼저 마주한 것은 작은 제우스 신전이었다. 그곳에서 주민들은 자신들의 도시를 위해 제물을 바쳤다.

사도들은 리스트라에 머무는 동안 이고니온 형제들의 추천으로 이 도시에서 거의 유일한 히브리인 가족에게 환대를 받는다. 가족들은 히브리인 할머니 로이스와 어머니 에우니케, 아들 디모테오였다. 이들은 매우 경건한 신앙을 지켜온 가족으로, 디모테오는 모세 율법을 믿는 할머니와 어머니에게서 성서를 배웠다. 에우니케의 이교도 남편은 이미 세상을 떠난 뒤였다.

디모테오를 매우 좋아했던 바울로는 후에 그를 수행원으로 삼았을 뿐 아니라 에페소 교회 주교로 서품하였 다. 이 가족의 보금자리는 이 도시에서 그리스도 교회의 첫 번째 중심지가 됐고, 사도들은 거의 1년 동안 도시와 주변 지역에서 복음을 전파했다.

어느 날 사도들이 가르치는 동안 청중들 가운데서 태어날 때부터 다리가 마비된 앉은뱅이 한 사람을 보았다. 그는 한 번도 걸어보지 못했다. 그는 바울로의 설교를 주의 깊게 경청했고, 바울로는 그를 주목했다. 그가 그리스도에 대한 믿음을 갖고 있음을 느꼈을 때 그를 구해주고자 큰 소리로 그에게 말했다. "일어나 똑바로 서 보시오"(사도행전 14,10). 그 사람은 일어나 걷기 시작했다.

군중은 그 기적을 보고 소리쳤다. "저 사람들은 사람 모양을 하고 우리에게 내려온 신들이다"(사도행전 14,10). 그리고 그들은 바르나바를 제우스로, 바울로를 헤르메스라 불렀다. 제우스의 사제들은 사도들에게 바치기 위해 꽃으로 단장한 황소들을 끌고 왔다.

우리는 사도들이 어떻게 항의했을지 쉽게 가늠해 볼 수 있다. "여러분, 이게 무슨 짓입니까? 우리도 여러분과 똑같은 사람입니다. 우리는 다만 여러분에게 복음을 전하여 여러분이 이런 헛된 우상을 버리고 살아 계신 하느님께 돌아오게 하려고 왔을 따름입니다. 이 하느님은 하늘과 땅과 바다와 그 안에 있는 모든 것을 만드신 분입니다"(사도행전 14,15).

그럼에도 리스트라 주민들은 사도들에게 희생물을 바치기를 원해 사도들은 간신히 군중을 말렸다.

며칠 뒤 안티오키아와 이고니온에서 온 유다인들이 사도들을 죽이려고 몰려왔다. 바르나바는 거기에 없었고, 바울로는 적에게서 돌로 공격을 받게 되었다. 그들은 바울로가 죽었다고 여겨질 때까지 돌로 쳤으며 그를 끌어내 도시 밖으로 내쳤다.

그리스도인들은 바울로 사도에게 다가와 아직 살아있음을 확인하고는 그를 일으켜 세워 흐르는 피를 닦아내고 상처를 감싸 줬다. 그런 와중에도 사도들은 그날 밤 도시에 남아 있는 히브리인들의 새로운 공격을 피하기 위해 리스트라를 떠나야 했다.

한 바울로 연구자는 바울로가 돌팔매질 당하는 순간에 자신이 참여했던 또 다른 돌팔매질 장면을 떠올렸고 천사로 보이는 한 사람이 자신을 고개 숙여 내려다보는 것처럼 느꼈다고 전한다. 그때 그는 그 사람을 알아 봤다. "스테파노여, 이 정도면 충분합니까? 제가 당신 죽음에 대한 젓값을 치른 것입니까?" 스테파노는 바울로 생애 동안 지속돼온 숨겨져 있는 아픔이었다.

바울로는 예전에 돌팔매질 당하던 스테파노와 똑같이 돌팔매질을 당했다. 주님은 가끔 자신의 동조자들이 박해나 순교를 당하도록 내버려 두신다. 그들이 그 임무를 더 잘 수행하도록 하기 위해서다.

교회는 믿음의 투사가 필요하다. "나는 여러분을 위하여 기꺼이 고통을 겪고 있습니다. 그리고 나는 그리스도의 몸인 교회를 위하여 그리스도의 남은 고난을 내 몸으로 채우고 있습니다"(골로사이 1,24).

13
데르베에서

사도들의 노력과 희생으로 세워진 모든 교회를 돌보는 그분의 커다란 손길을 상징적으로 그려봤다. 광범한 지역에 뿌려진 믿음의 씨앗이 풍성한 축복으로 우리에게 다가온다. 〈작가 노트〉

암흑의 땅에 사는 이들에게 복음의 빛을 비추다

바울로 사도가 리스트라에서 돌팔매질을 당하고 기적적으로 생존한 뒤 두 사도는 그날 밤으로 그곳을 떠날 수밖에 없었다. 사도가 죽었다고 여긴 유다 광신자들이 그가 살아있다는 것을 알았다면 다시 뒤쫓았을 것이기 때문이다.

아마도 상처투성이가 된 바울로 사도는 걷는 것조차 불가능해 마차로 옮겨야만 했을 것이다. 사도는 리스트라에서 여덟 시간 가량 떨어진 같은 리가오니아 지방 데르베(Derbe, 오늘날 카라만 읍내에서 동북쪽으로 23㎞ 떨어진 케르티 회육)로 갔다. 돌팔매질을 당한 상처들로 인해 생긴 흉터는 그의 몸에 평생 남아 있게 된다. 갈라디아 신자들에게 보낸 서신에서도 그 사실을 암시하고 있다. "내 몸에는 예수의 낙인이 찍혀 있습니다"(갈라디아 6,17).

고통 중에 탄생한 데르베 교회

전날 엄청나게 많은 피를 흘리고 아물지 않은 상처로 이루 말할 수 없는 아픔을 겪고도 마차로 40㎞나 되는 사막을 건너는 고통을 견뎌낸 사도의 육체적 강인함과 인내에 경탄을 금하지 않을 수 없다.

유다인들은 바울로가 죽었다고 생각했기에 더 이상 그를 추적

베르게에 남아 있는 로마식 문

하지 않았다. 데르베에서 두 사도는 가이오의 집에 유숙할 수 있었다. 가이오는 마케도니아에서 바울로와 동행하기도 한다.(사도행전 20,4 참조)

바울로는 참혹한 상황에 처해 있었기에 데르베에서 한동안 침대에 누워 지내야만 했다. 그런데 침대가 선교활동을 위한 또 하나의 축복된 장소가 된다.

데르베 그리스도교회는 이처럼 갈라디아의 다른 세 지역의 교회처럼 고통 중에 탄생했다. 데르베에서 사도들의 선교활동 무대가 악기올 호수 주위의 고원지대로까지 확산됐다는 사실을 감안하면 적어도 1년 이상 선교가 계속됐다고 여겨진다.

훗날 성 대 바실리오스는 성 그레고리오스 신학자 등 그리스도교회의 훌륭한 교부들과 신학자들을 숱하게 배출한 갑바도기아도 사실은 이곳 리가오니아에서 복음의 빛을 얻었다는 것을 아는 것이 중요하다고 지적했다.

바르나바와 바울로가 시리아 접경 안티오키아를 출발해 키프로스를 거쳐 남부 소아시아 지방으로 제1차 선교여행을 시작한 지 4년이라는 세월이 흘렀다. 데르베에서 256㎞ 정도 떨어진 바울로 사도의 고향 다르소로 내려감으로써, 그리고 거기에서 다시 시리아 쪽 안티오키아로 돌아간다면 현재 체류 중인 데르베에서 자신들의 귀향길을 훨씬 단축할 수 있었을 것이다.

그러나 많은 노력과 희생으로 세워 놓은 '모든 교회를 돌보심'이 그때부터 바울로 마음을 사로잡았다. 그는 자신이 쫓겨 피신하기에 앞서 세워놓은 리스트라 교회들, 이고니온 교회들, 비시디아의 안티오키아 교회들이 어떤 상태에 놓여 있는지 보기를 원했다.

박해했던 도시로 다시 나아가

그리스도인들은 과연 굳건한 믿음을 지니고 있을까? 새로운 신자들이 박해로 흔들리지 않도록 특별한 가르침이나 용기가 필요했다. 그래서 두 사도는 자신들이 거치며 선교했던 도시 신자들을 다시 만나보기로 했다. 이번에는 또 신자들로 국한해 설교하지는 않을 작정이었다.

귀향 여정은 이렇게 시작됐다. 사도들은 목숨을 위협했던 도시들로 다시 나아가는 것에 겁을 내지 않았다. 주님께서 그들과 함께 하고 있으며, 그것이 주님의 복음사업이라는 사실을 너무도 잘 알고 있었기 때문이다.

그리고서 마지막으로 기본 조직을 형성했다. 사도들은 도처에 각 교회의 예배와 정신적, 영적 필요에 따라 교회 공동체마다 원로들과 사제들을 세웠다. 바울로는 이런 힘든 일을 겪었기에 "우리가 하느님 나라에 들어가려면 반드시 많은 어려움을 겪어야 합니다"(사도행전 14,22)라고 말했다.

비시디아에서 바울로가 서품을 했던 주교들 중 한 분은 성인으로 알려진 셀레브키아 아르테몬 주교다. 다른 주교들은 그 이름이 남아 있지 않다.

바울로 사도는 갈라디아의 그리스도인들을 항상 기억하고 돌봤다. 그것은 바울로가 제2차, 제3차 선교여행 동안에도 그들을 잊지 않고 갈라디아를 방문했던 데서도 잘 알 수 있다. 거기에서 일어난 문제들을 알게 됐을 때, 바울로는 그들에게 그 유명한 갈라디아인들에게 보낸 편지를 썼던 것이다.

안티오키아에서 고별예배 후에 이들 두 사도는 비시디아에서 밤필리아의 베르게로 내려왔다. "베르게에서 말씀을 전한 다음 아딸리아로 내려가"(사도행전 14,25). 열성적인 사도들이 지나갔던 모든 곳에서 전에 "캄캄한 땅에 사는 사람들에게…"(이사야 9,1) 그리스도의 빛으로 밝게 빛나는 주교들이 세워졌다.

"반가워라, 기쁜 소식을 안고 산등성이를 달려오는 저 발길이여. 평화가 왔다고 외치며, 희소식을 전하는구나."(이사야 52,7).

미라의 공동묘지

풍성한 열매를 거둔 1차 선교여행

바울로가 뿌린 믿음의 씨앗과 그곳 들녘에서 말씀의 씨앗을 뿌린 대농부를 따라 행한 자는 '많은 열매'를 거두게 되었다. 수세기에 걸쳐 성 메토디오스 파타라의 주교, 기적의 성인 니콜라오스 미라의 주교, 성 테클라와 성 마리나 같은 수많은 순교자들과 '신앙적 지주이자 매우 빛나는 별들'로 빛나는 성인들이 알려지고 있다. 오늘날 법적으로 아딸리아라 부르는 광범한 지역은 바울로가 여러 차례 방문했던 축복 받은 땅이다.

복음서 저자인 루가는 사도행전에서 전한다.

"우리는 그들과 작별하고 나서 배를 타고 곧장 코스로 갔다가 이튿날 로도스를 거쳐 바다라로 갔다"(사도행전 21,1).

바울로 사도는 훗날 그가 로마에서 재판을 받도록 호송하는 군인들과 함께 떠날 때 이 땅을 마지막으로 밟는다. 루가는 이때도 그를 따라갔으며 다음과 같이 전해준다.

"길리기아와 밤필리아 앞바다를 지나서 리키아에 있는 미라 항구에 닿았다"(사도행전 27,5).

아딸리아 항구를 출발한 두 사도는 제1차 선교여행을 떠난 셀레우키아로, 시리아 접경 안티오키아 빈디오 항구도시로 향하는 배를 탔다. 첫 번째 선교 여행은 주님께서 풍성한 축복을 내리셨다.

인내와 피흘리는 투쟁으로 그리스도 편에서 승리했던 살라미스, 바포, 비시디아의 안티오키아, 이고니온, 리스트라, 데르베, 베르게의 일곱 요새에서 승리의 트로피를 갖고 다시 돌아갔다.

14
예루살렘 사도회의

예루살렘 사도회의의 결정을 담은 서신을 가지고 안티오키아로 향하는 바울로 사도의 발빠른 행보를 그렸다. 〈작가 노트〉

성령이 이방인에게도 은총을 내렸음을 증거

사도들이 첫 번째 선교여행에서 돌아왔을 때, 안티오키아 원로들과 사제들은 자신들이 파견한 두 사도를 맞아들이고자 교회 지체들과 함께 매우 드문 교회의식을 치렀다. 바울로와 바르나바는 주님께 감사하는 마음으로 "하느님께서 그들을 도와 이루어주신 모든 일과 또 이방인들에게 믿음의 문을 열어주신 일을 보고하였다"(사도행전 14,27).

모두의 기쁨은 이루 형용할 수 없었으며, 무엇보다도 다른 나라에서 온 그리스도인들의 기쁨은 더 컸다.

그러나 유다에서 시리아 안티오키아로 왔던 사람들은 교회에서 소란을 피우기 시작했다. 전에 우상을 숭배한 이들이 그리스도인이 되기를 원한다면 모세 율법을 따르고 할례를 해야 한다고 주장했다. 할례 없이 세례를 받는 것은 구원을 받지 못한다고 거듭 주장했다.

바울로와 바르나바는 그들을 설득하려고 노력했다. "누구든지 그리스도를 믿으면 새 사람이 됩니다"(2고린토 5,17). "그리스도 예수를 믿는 사람에게는 할례를 받았다든지 받지 않았다든지 하는 것이 중요하지 않고 오직 사랑으로 표현되는 믿음만이 중요합니다"(갈라디아 5,6). 하지만 이들은 다툼을 일으켰고 고집과 완강함을 보였다.

바울로 사도는 후에 다음과 같이 전한다. "가짜 신도들이 우리를 노예로 만들려고 몰래 들어와서, 그리스도 예수를 믿는 우리가 누리는 자유를 엿보고 있었으므로…"(갈라디아 2,4). 그러나 그 주제는 책임을 지고 확실하게 해결해야 했다. 그것은 매우 심각한 교리 주제였기 때문이다.

사람은 어떻게 구원을 받게 될까? 모세 율법을 필히 지켜야 하나, 아니면 그리스도의 십자가 못 박히심과 부활 은총만으로도 충분한가?(사도행전 15,1 참조)

이 주제와 관련된 분쟁과 논란 뒤에 성령의 인도로 안티오키아 교회는 바울로와 바르나바를 몇몇 신자들과 함께 예루살렘으로 보내 그곳 모태 교회 사도들과 원로들이 그 문제를 잠정적으로 해결하도록 했다(사도행전 15,2 참조).

예루살렘으로 향하는 여행은 주후 48년 가을께로, 또 하나의 성공적 여행이었다. 페니키아와 사마리아를 거쳐 이방인들이 그리스도교로 입교한 것에 대한 기쁜 소식을 전했다(사도행전 15,3 참조). 예루살렘에 도착해 사도들과 원로들의 영접을 받았다. 예루살렘 주교로서 그곳에 영구히 머물던 주님 형제이자 사도인 야고보 외에도 그곳에는 베드로 사도와 요한 사도가 있었다.

이 문제를 논의하기 위한 모임에서 안티오키아에서 온 사람들은 "하느님께서 자기들과 함께 계시어 행하신 모든 일과 만방에서 믿음의 문을 열어 놓았음"(사도행전 15,4 참조)을 설명했다.

당시 예루살렘 교회는 사도들과 사제들, 신자들의 세 부류로 구성돼 있었다. 사도들 가운데 특별한 세 사람은 '기둥'으로 여겨지는 베드로와 요한, 야고보 주교였다. 야고보는 요한의 형제로, 헤로데 왕 아그리파가 유다인들을 기쁘게 해 주기 위해 칼로 그를 죽였다(사도행전 12,2 참조).

안티오키아에서 파견된 사도들의 설명이 끝났을 때 장내 모든 사람들은 환호했다. 그리고서 교회는 다 함께 주님께 감사하고 찬양하였다.

그러나 바라사이파에 속했다가 신자가된 몇몇 형제들은 일어나 그리스도를 믿는 이방인들이 할례를 하고 모세 율법을 지키도록 해야 한다고 주장했다(사도행전 15,5 참조).

여기서도 바울로는 안티오키아에서와 똑같은 항의를 받게 됐다. 그들 사이에는 아마도 어떤 관련이 있다고 짐작된다. 만일 그들이 주장하는 견해를 받아들인다면, 그리스도교회는 히브리회당이라는 좁은 범위로 국한되고 온 세계로 확장될 수 없는 상황이었다.

그러나 유다인들의 계명을 지키는 것이 구원을 위한 신성한 조건이라면 왜 그리스도는 십자가에 못 박혔을까? 기쁜 마음으로 시작한 모임은 모세 율법 지지자들의 고함으로 인해 일촉즉발의 대소동으로 끝났으며, 아무 결정도 내리지 못하고 헤어지게 됐다.

바울로는 특별히 교회의 기둥으로 여겨지던 세 분의 사도들에게 만방에 선포한 복음 내용에 대해, 그리고 복음 선포가 헛일이 아니었음을 확인시키기 위해 알리는 것이 필요하다고 생각했다(갈라디아 2,2 참조).

그래서 그리스도에게서 받았던 계시들에 근거해 그 견해를 그들에게 자세히 설명해야만 했다. 또 모세 율법 문제와 관련해 만방에 전한 그의 선교행적과 결과를 설명해야 했다.

세 사도는 예수 그리스도의 계시에 따라 바울로가 가르친 내용들이 자신들이 3년 동안 주님 곁에서 배우고 가르침을 받았던 것들과 다르지 않다는 것에 감복했다.

그래서 이 토론에서 선교지역을 나누는 데 합의했던 것으로 보인다. 베드로는 할례자들에게 복음을 전하기로 했고, 바울로는 할례받지 않은 자들에게 복음을 전하기로 했다(갈라디아 2,7-9 참조).

사도들은 회의를 소집했고 사도들과 원로들이 참석했으며 이방인 그리스도교 신자들도 모세 율법을 따르게 할 것인가에 대한 문제를 해결 짓기로 했다. 그 문제를 놓고 많은 토론이 뒤따랐다. 바울로가 일어나 자신의 개인적 체험에 근거해 말했다. 그는 세 부분으로 나눠 훌륭하고도 명료하게 설명했다. 첫째, 주님 자신이 율법의 전제조건을 지킴이 없이도 이교도들에게 세례를 주도록 나에게 명했다. 둘째, 구약은 인간의 윤리적 약점과 함께 절대적으로 지키는 것이 불가능하다. 셋째, 구원은 오로지 주님 은총에 따르는 문제이다(사도행전 15,8-11 참조).

이러한 취지의 강론은 조정의 길을 열어줬고, 그들 마음은 바울로와 바르나바의 의견을 받아들일 정도로 호전됐다. 바울로와 바르나바는 자신들의 선교를 예로 들어 성령이 유다인들과 같이 이방인들에게도 모세 율법을 따라 할례를 받았든지 받지 않았든지 구별함이 없이 은총을 내렸음을 증거하였다.

마침내 야고보 주교는 다음과 같은 타협안을 제시했다. 유다에서 온 그리스도인들은 이방에서 온 그리스도인들을 공격하지 말고 사랑으로 대하도록 한다. 첫째, 우상숭배자들의 희생제에 참석하지 말고 우상에게 희생물로 바쳐진 고기를 먹지 말도록 하며 둘째, 부도덕한 육체적 욕망을 버리고 순결을 유지하도록 하며 셋째, 공동식사에 깨끗한 고기를 사용하고 그 피를 다 뽑지 않은 고기를 먹지 말도록 하는 등 세 가지 사항을 제시했다.

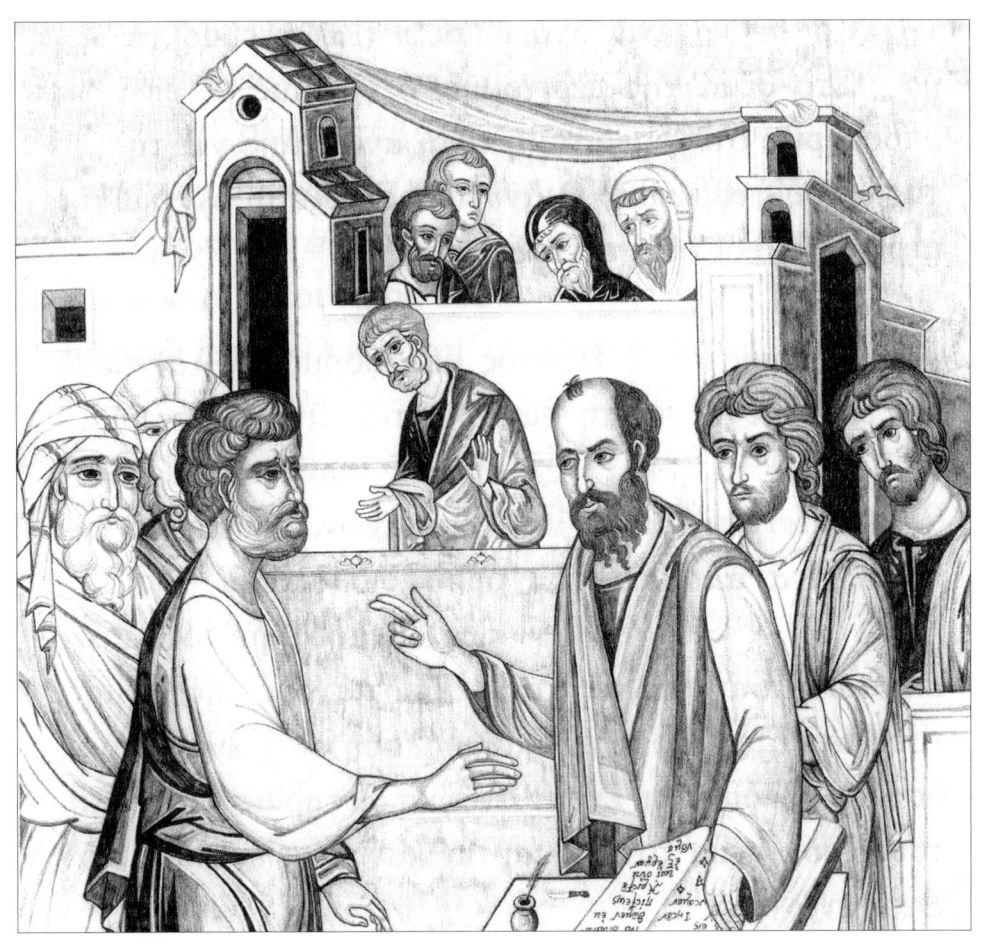

사도회의에서 바울로가 할례와 유다의 풍습에 대해 베드로와 논의하다.

이러한 타협안은 받아들여졌다. 율법을 지키고 할례를 받는 것은 더 이상 이방에서 온 그리스도교 신자들의 전제조건이 아니다. 이처럼 조건 없이 사도들이 우상숭배자들을 받아들임으로써 교회는 온 세상 사람들에게 널리 받아들여졌다.

사도회의 결정은 사도들의 편지를 통해 안티오키아로 전달됐다. 예루살렘 사도들과 원로들은 안티오키아에서 온 바울로, 바르나바와 함께 형제들 가운데 지도자로 예언의 은총을 가진 바르사빠라고 하는 유다와 실라 두 사람을 파견했다. 그들이 도착하고 교회의 모든 지체들이 모이자 그들은 그 편지를 낭독했다. 신자들은 위안을 주는 그 결정에 기뻐했다(사도행전 15,22 참조).

이렇게 이뤄진 사도회의로 교회는 초기 단계에서 직면한 하나의 매우 중요한 문제를 해결했다. 같은 방식으로 교회는 설립 초기 천 년간 야기된 모든 문제들에 대응하게 됐다. 지역교구와 대교구, 총대교구 회의에서 성령의 인도로 목자와 신도들이 따라야 할 그 믿음의 교리들과 규약들을 정했다.

15
제2차 선교여행

필립비 거대한 폐허 속 유적지 위에 첫 번째 가정교회가 된 리디아의 집을 표현해 봤다. 〈작가 노트〉

필립비 리디아 가족 세례, 서방 첫 그리스도인

바울로 사도와 바르나바, 그리고 많은 협조자들이 안티오키아 교회 신자들을 이끌었고, 세례성사를 받고나서 교회에 나오기를 원하는 사람들에게 교리문답을 가르쳤다.

그러나 바울로는 항상 머나먼 서방으로 자신을 이끄는 강력한 힘을 느꼈다. 그래서 로마서에서 보다시피 그의 열망은 제국의 수도 로마에까지 도달했다(로마 1,10-13 참조). 동시에 그는 바르나바와 첫 번째 선교여행 중에 세운 교회들에 대한 문제에 몰두했다.

그래서 하루는 바르나바에게 말했다. "우리가 주님의 말씀을 전한 모든 도시를 두루 찾아다니며 교우들이 어떻게 지내고 있는지 살펴봅시다"(사도행전 15,36). 그들이 믿음을 지키고 신앙에 따라 사는지를 살펴보고 신앙적 삶에 의존하며 살아가게 하려는 것이었다.

그때 바르나바는 마르코라고 불리는 요한도 데리고 가려 했다. 그러나 바울로는 그가 밤필리아 베르게에서 사도들과 협력하기를 중단했기에 그를 데리고 가서는 안 된다고 판단했다. 결국 바르나바는 마르코와 함께 바르나바의 고향인 키프로스로 가서 그들의 첫 번째 선교 여행 때 시작했던 복음사업을 계속하기로 했다.

그리고 바울로는 자신의 동행자로 실라를 선택한다. 실라는 예루살렘 교회의 뛰어난 일원이었으며, 바르사빠라고 하는 유다와 함께 안티오키아 교회에 예루살렘 사도회의의 결정을 담은 편지를 전달하도록 택함을 받은 사람이었다(사도행전 15,22 참조). 그때부터 실라는 사도들과 함께 머물며 안티오키아에서 선교 일을 했다.

동행자로 실라를 선택

주후 49년 3월 교회의 축복을 받으며 바울로는 동행자 실라와 함께 북부 시리아와 길리기아에 있는 모든 교회들을 방문하고자 육로로 출발했다. 현재의 터키 중남부 도시 아다나를 지나 바울로가 태어나 자랐던 다르소에 도착했다.

바울로는 지난번 여행에서 이 지역에 있는 모든 도시들을 알게 됐다(갈라디아 1,21 참조). 이 모든 곳에서 사도들은 그리스도 교회의 형제들 곁에 잠깐씩만 머물렀으며, 예루살렘 사도회의 결정을 알려 줬다. 사도회의에서 히브리인들과 이방 그리스도인들이 같은 믿음과 같은 사랑 속에서 하나로 합쳐지고 성체를 함께 향유하고 같은 성배로 성혈을 나누도록 허용했음을 알렸다.

이어 데르베를 거쳐 사도들은 리스트라에 도착했다. 이곳에 모두가 칭찬하는 디모테오라는 훌륭한 청년이 있었다. 그의 아버지는 우상숭배자로 이미 오래 전에 세상을 떠났으나, 어머니 에우니케와 할머니 로이스는 유다인으로 진실한 믿음 가운데서 아들을 양육했다. 바울로는 전에 리스트라를 방문했을 때 만난 디모테오를 특별히 높게 평가했다. 그래서 이번 선교여행에 디모테오가 자신과 동행해 주기를 청했다. 에우니케와 로이스는 디모테오가 그들의 유일한 가장이었음에도 불구하고 그 요청을 영광으로 받아들였다.

제3의 훌륭한 협력자 루가

이 외로운 두 여인의 진정한 봉헌은 그리스도교회에 봉헌된 모든 것 가운데서 가장 크고 아름다운 희생임이 분명하다. 디모테오는 이별의 아픔이 있을지라도 열정적으로 바울로를 따라 나섰고 마지막까지 그의 곁에 함께 있었다.

후에 바울로는 로마 감옥에서 디모테오에 관해 다음과 같이 썼다. "나와 같은 마음으로 여러분의 일을 진심으로 걱정해 주는 사람은 그 사람밖에 없습니다… 자식이 아버지를 섬기듯 나를 섬기면서 복음을 위하여 함께 일해 왔습니다"(필립비 2,20-22).

성령의 인도로(사도행전 16,6-8 참조) 바울로는 두 동행자와 함께 트로아스에 도착했고, 거기에서 그의 제3의 훌륭한 협력자가 될 의사 루가가 가담했다. 이제부터는 직접 목격한 증인으로서 루가가 사도행전을 통해 대사도 바울로의 행적을 처음부터 로마 감옥에 갇힐 때까지 아주 자세하게 기록하고 있다.

어느 날 밤 바울로에게 하나의 환영이 보였다. 한 마케도니아인이 그에게 간청했다.

"마케도니아로 건너와서 우리를 도와주십시오"(사도행전 16,9). 바울로는 이것을 마케도니아 사람들에게 복음을 전파하라는 주님의 부르심으로 여겼다. 그래서 배를 구하자 곧바로 사모드라게 섬으로 직행했다. 다음 날 네아폴리스 항구에서 하선했다. 거기에서 카발라를 경유해 필립비로 옮겨갔다. 필립비는 마케도니아 외곽에 있는 도시로 가장 중요한 로마 식민지였다.

필립비에는 유다인 회당이 없었다. 그렇지만 바울로는 곧 몇몇 유

유럽의 첫번째 여성 그리스도인 성 리디아

다인들이 안식일마다 강둑으로 기도하러 간다는 것을 알게 됐다. 그래서 그는 일행들과 함께 그곳에 도착한 후 첫 번째 안식일에 기도처로 갔고 그곳에 왔던 부인들과 이야기를 나누기 시작했다.

 기도처에 모인 여인들 가운데 잘 차려입은 한 여인이 특별한 종교적 관심을 보여 깊은 인상을 남겼다. 소아시아 티아디라 출신인 그의 이름은 리디아였다. 붉은 색 물감을 들인 값비싼 자색 옷감을 팔았던 (사도행전 16,14 참조) 리디아는 원래 이교도 출신 우상 숭배자였지만 마케도니아에 이주해 살고 있던 유다인들과 친해지면서 하느님을

리디아와 그의 가족이 세례 받았던 앙키스타 강

믿기 시작해 하느님을 공경하며 섬기고 있었다. 주님께서는 바울로 사도의 가르침을 듣는 시간에 그녀의 마음을 열었고, 구세주 그리스도에 대해 말하는 것을 경청하며 믿게 된 리디아는 세례 받기를 간절히 원했다.

   교회 전승에 따르면, 첫 번째 서방 여인이 필립비 앙키스타 강물에서 세례를 받았다고 한 그 날이 바로 안식일 밤이라고 알려져 있다. 리디아는 온 가족과 함께 세례를 받았고, 이로써 서방의 첫 그리스도인이 됐다.

앙키스타 강가에 세워진 기념 성당

필립비인들에게 깊은 애정

리디아가 세례를 받고나서 맨 먼저 한 일은 바울로와 그 일행을 자신의 넓은 집에 머물도록 초대한 것이었다. 리디아의 집은 첫 번째 '가정교회'가 됐다. 이 집은 필립비 초대 그리스도인들이 예배와 그리스도의 가르침을 위해서 모인 선교 중심지가 되었다. 리디아는 바울로가 쫓겨 다니거나 로마에서 감옥에 있던 어려운 시절에도 그를 후원한 필립비 선교 교회의 지주였다.

바울로는 후에 그 일을 두고 늘 고마워했다.

"필립비의 교우 여러분, 아시다시피 내가 복음을 전하기 시작하던 무렵 내가 마케도니아 지방을 떠날 때에 나와 주고받는 관계를 맺은 교회는 여러분밖에 없었습니다. 내가 데살로니카에 있을 때에도 나에게 필요한 것을 한두 번 보내주었습니다"(필립비 4,15-16).

필립비 교회에 의해 바울로의 많은 협력자들이 알려지게 되었다. 협력자로서 클레멘스와 에파프로디도의 이름들이 필립비인들에게 보낸 편지에서 언급되고 있다.(필립비 4,3; 18 참조) 클레멘스는 후에 로마의 유명한 주교가 됐다.

필립비 교회는 바울로 사도에게 아무런 문제도 야기하지 않았다. 그래서 그는 필립비인들에게 애정을 갖고 자랑스럽게 여기며 쓰고 있다. "내가 그리스도 예수의 지극한 사랑으로 여러분을 그리워하고 있다는 사실은 누구보다도 하느님께서 잘 알고 계십니다"(필립비 1,8). "그러므로 내가 사랑하고 그리워하는 형제 여러분, 나의 기쁨이요 면류관인 사랑하는 교우 여러분, 주님을 믿으며 굳세게 살아가십시오!"(필립비 4,1).

16
필립비와 데살로니카에서

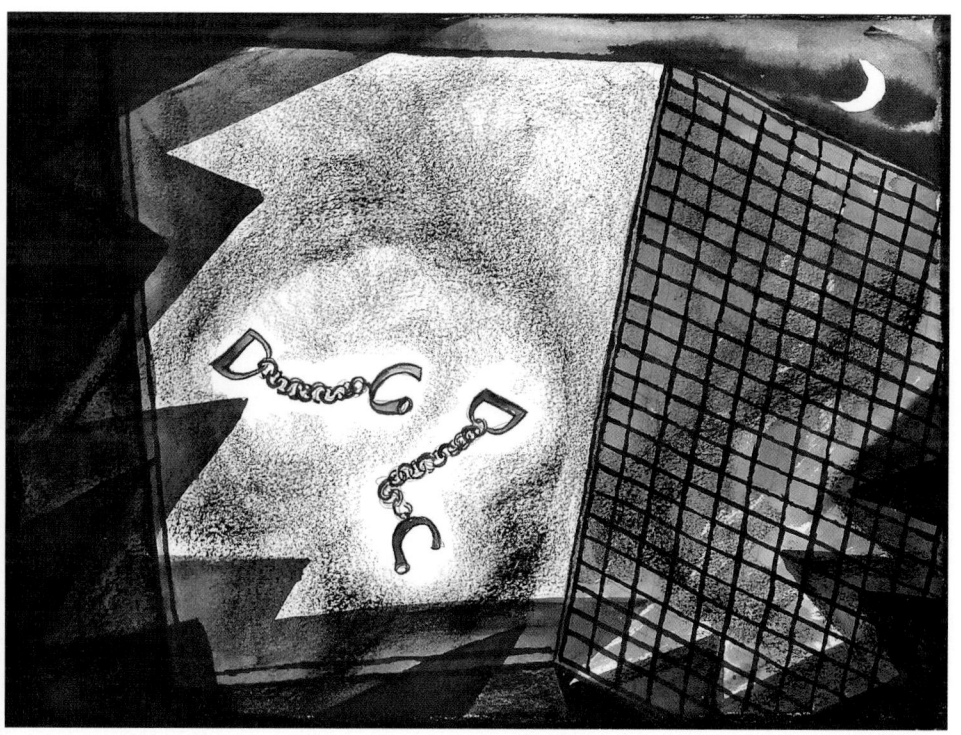

억울하게 감옥에 갇힌 바울로 사도에게 기적이 일어난다. 어둔 밤 강력한 지진으로 감옥 문이 열리고 사슬이 끊어진다. 놀란 간수는 바울로의 인도로 가족과 함께 세례를 받는다. 〈작가 노트〉

감옥에 갇혔다 풀려나 데살로니카로 떠나다

바울로 사도와 협력자들은 필립비에서 곧 많은 이들을 열렬한 믿음의 삶으로 이끌었다.

필립비 그리스도인들은 세례를 받던 강둑 플라타너스 나무 아래에 모이거나 리디아의 집에 모여 예배를 드렸다. 특히 용감한 부인들은 다른 이들을 그리스도 신앙으로 이끌고자 선한 일을 많이 했다.

그러나 이 속에는 사도들이 하고자 했던 일과 선행마다 방해를 하려는 악마의 간교가 숨어 있었다.

악령 들린 여종을 해방시키다

악마는 어떻게 했을까? 악마는 자신의 수족으로 만든 불행한 한 여종의 입을 통해 사도들이 지나는 길에서 외치도록 했다. "이분들은 지극히 높으신 하느님의 종으로서 지금 여러분에게 구원받는 길을 선포하고 있소"(사도행전 16,17).

바울로는 대중에게 그리스도 신앙과 예언, 마술 간에 관련이 있다는 인상을 주려고 악마가 여종을 통해 계략을 꾸몄다는 사실을 알아차렸다. 그래서 바울로는 모든 의혹을 피하고자, 악마의 권세에 대항하는 그리스도교의 힘과 우세함을 나타내 보이고자, 더불어 악한

필립비에 있었던 건물의 잔해

영에게 사로잡힌 여종을 자유롭게 해주고자 그를 향해 말했다.

"예수 그리스도의 이름으로 명령하니 그 여자에게서 썩 나가거라"(사도행전 16,18).

그러자 악령이 즉시 여종에게서 떠나갔다. 여종은 그리스도의 자애로운 힘이 자신 안으로 들어옴을 느꼈다. 사도는 악마의 강력한 발톱에서 여종을 벗어나게 했으며 여종은 곧바로 평안을 느꼈다.

그러나 그 순간부터 여종은 예언의 힘을 잃어버렸다. 점술이 갖가지 형태로 시대를 넘어서, 심지어는 오늘날까지도 작용하고 있고, 그것이 악마의 협력으로 이뤄지는 것이라는 사실을 이 성서 구절은 아주 분명하게 보여주고 있다. 그들에게 미래를 예언해 주도록 점술가를 찾아가거나 아픈 병을 치료받거나 자신의 문제를 해결하기 위

바울로 사도와 실라가 갇혔던 필립비 감옥

해 마술사를 찾아가는 것은 어리석은 짓이다.

교회 분립 이전에 일체였던 총대주교 회의 규약은 예언자와 술사들에게 가는 사람들이 성체성혈을 받는 것을 금했다. "주님의 잔을 마시는 여러분이 마귀들의 잔을 마실 수는 없습니다. 또 주님의 식탁에 참여하는 여러분이 마귀들의 식탁에 참여할 수는 없습니다"(1고린토 10,21).

그녀의 점술로 돈을 벌던 주인들이 더 이상 돈벌이를 하지 못하게 되자 그들은 군중을 선동해 바울로와 실라를 배척하도록 했다. "이 자들은 유다인들인데 우리 도시에서 큰 소란을 일으키고 있습니다. 우리 로마 사람으로서는 받아들일 수도 없고 실행할 수도 없는 잘못된 풍속을 선전하고 있습니다"(사도행전 16,20-21). 그들에게 적의를 가진 군중이 모여들어 사도들을 도시 치안관에게 끌고 갔다. 그들은 사도들을 매질하라고 명령했으며, 상처 입은 사도들을 그대로 감옥에 가뒀다.

이미 앞에서 언급했듯이, 독자들은 사도행전 16장 25절에서 39절 말씀을 자세히 기억할 것이다. 한 밤중에 강력한 지진이 감옥 문들을 모두 열고 사슬을 풀었다.

상처 입은 몸으로 엿새간 강행군

이 모든 일에 놀란 간수는 바울로의 인도를 받아 자신의 가족과 함께 세례를 받았다. 로마법은 로마시민이 구타당하는 것을 허용하지 않았기에 바울로가 로마시민이었다는 점, 그리고 그들을 재판도 없이 구타한 것이 불법이었다는 사실이 알려지자 치안관은 감옥으로 찾아와 그들을 풀어주고 그 도시에서 떠나주기를 간청하였다.

사도들은 감옥을 떠나 형제들이 모인 리디아의 집으로 갔다. 거기에서 바울로는 성찬식을 거행하고 사제서품예식을 거행한 뒤 교회 행정과 사목에 대한 필요한 지침서를 주었다.

치안관들이 죄인으로 몰지 않았던 루가는 필립비에 남아 후에 교회 운영을 감독했다.

바울로와 실라, 디모테오가 필립비를 떠난 시점은 주후 50년 봄이었다. 바울로는 대도시에서 주변 모든 지역으로 복음을 전파하기 위해 대도시에 교회를 세우고 싶어 했다.

이제 우리도 사도들의 발자취를 따라가 보도록 하자. 오늘날에는

바울로 사도가 걸었던 길에 세워진 갈레니우스의 문

필립비에서 데살로니카로 가는 데 차로 한 시간 반 밖에 걸리지 않는다. 하지만 사도들은 엿새를 실리시아 폭식지에 나아갔다. 바울로와 실라는 치안관들의 구타로 입은 상처가 채 아물지도 않은 채 멀고 힘든 길을 강행군해야 했기에 무척 고통스러웠을 것이다.

그럼에도 깊은 상처와 고통을 딛고 사도와 협력자들은 동부 지역과 로마를 잇는 에그나티아 길을 걸어 엿새째 되던 날에 쎄르마이코 만 동쪽 해안에 이르렀다. 그 맞은편에 마케도니아 수도이며 오늘날에도 그리스 북부에서 가장 큰 도시인 데살로니카가 있다.

바울로는 야손이라는 그리스 이름을 가진 착한 마음씨의 동향인에게 보내는 추천서를 지니고 있었다. 그는 그곳에서 작은 공장을 운영하고 있었다.

126

바울로와 그의 일행은 그곳에서 진심에 찬 환영을 받았으며 숙식과 함께 일자리를 구했다. 일행 세 사람은 야손에게 부담을 주고 싶지 않았다. 왜냐하면 상당히 오랜 기간 그곳에서 머무르게 될 것으로 예상했기 때문이었다. "우리는 여러분에게 하느님의 복음을 전하는 동안 누구에게도 폐를 끼치지 않으려고 밤낮으로 노동을 했습니다"(1데살로니카 2,9).

데살로니카 회당에서 복음을 선포

우리 가운데 어느 누가 상처투성이 몸으로 몇 날 며칠이 걸리는 행군을 하고 설교와 사목 외에도 생계를 위해 온종일 천막을 만들기 위해 거친 털로 천을 짜는 일을 해낼 수 있을까?

바울로는 데살로니카에서 많은 히브리인들을 만났다. 그들의 큰 회당은 마케도니아 히브리인들의 종교 중심지였다. 처음 세 차례 안식일 동안 바울로는 회당에 가서 구약에 근거해 예수 그리스도가 바로 예언자들이 말했던 메시아라고 말했다. 유다인들 중 몇몇 사람은 바울로의 말에 설득돼 경건한 그리스도인이 되었다. 이들 중 상당수는 이전에 우상 숭배자였으며, 이들 중에는 귀부인들도 있었다.(사도행전 17,4 참조)

그러나 바울로를 시기하는 사람들은 거리의 불량배들을 모아 소요을 일으켰다. 이들은 당초 야손의 집에서 사도들을 붙잡으려고 했으나 그들을 찾지 못했다. 그러자 로마법을 어기는 사람들을 유숙시켰다고 야손을 비난하며 그를 치안관에게 끌고 갔다. 치안관들은 야손에게서 보석금을 받고 풀어줬으며, 사도들은 하는 수 없이 도시를 떠날 수밖에 없었다.

그날 밤 바울로는 야손의 집으로 교회 원로(proistamenoi, '책임자'라는 의미)들을 초대하여 교회 조직에 대한 지침을 줬다. 이어 이들과 작별하고 야손의 사랑과 헌신에 감사를 전했다. 바울로는 그렇게 훌륭하게 꽃피운 교회를 떠나는 것이 너무나 슬펐다. 빠른 시간 내에 다시 찾아오기로 약속했으나, 그 약속은 8년 후에나 이뤄진다. 그러나 그때는 이집 저집으로 숨어 다녀야 했다. 계속되는 박해는 교회를 하나로 더욱 단단하게 결속시켰고 끝없는 열의로 지탱케 했다.

데살로니카 교회는 바울로에게 가까운 협력자로 세군도와 아리스타르코 등 두 명을 줬다. 필립비의 두 협력자 가운데 아리스타르코는 훗날 바울로 사도와 함께 로마 감옥에 갇혔다.(사도행전 20,4; 27,2 참조)

17
베레아에서 아테네로

철학과 정치, 학문, 예술의 도시 아테네에서 바울로 사도는 우상숭배에 젖어있는 사람들에게 참 하느님을 알게 해주고 싶었다. 그들은 흥미롭게 그의 설교를 경청했으나, 예수님의 부활을 얘기하자 조롱하기 시작한다. 설교를 중단하게 되는 쓴 경험을 통해 사도는 주님 은총 없이는 믿음이 뿌리내릴 수 없음을 확인한다. 〈작가 노트〉

주님 은총 없이는 믿음이 뿌리내리지 못한다

밤을 틈타 바울로 사도는 실라, 디모테오 등 협력자들과 함께 데살로니카를 떠났다.

열두 시간을 걷는 강행군 끝에 사도와 일행은 데살로니카에서 남서쪽으로 80㎞ 가량 떨어진 도시 베레아에 이르렀다. 마케도니아 제3의 행정구역에 속하는 이 조용한 도시는 알렉산더 대왕(Alexander the Great '사람들을 변호하는 자'라는 뜻)의 고향인 고대도시 펠라(Pella) 가까이에 있다. 그 용감한 군 통수자인 알렉산더 대왕은 이곳 베레아를 출발해 고대 그리스 문화와 학문을 소아시아와 페르시아를 넘어 아시아에 전파했다.

바울로도 아시아에서 이곳으로 와서 그리스도교 문명과 한 분이신 참 하느님에 대한 신앙을 알렉산더 대왕이 자신의 제국 백성들에게 보급했던 그리스어를 사용해 서방에 전파했다.

베레아에는 작은 히브리 정착촌과 유다인 회당이 있었다. 바울로는 자주 그곳에 가서 유다인들에게 성서에 근거해 선지자들의 예언이 예수 그리스도의 인성에서 실현됐음을 증명했다. 베레아 유다인들은 데살로니카 유다인 동포들보다는 친절했다. 그들은 바울로 사도의 가르침을 기꺼이 받아들였고, 많은 사람들이 예수 그리스도를 믿게 되었다.

또 이들만이 아니라 전에 우상 숭배자였던 남자와 부인들, 그리고

바울로 사도가 베레아에서 설교한 장소에 세워진 기념물

상류층까지 수많은 사람들이 예수를 믿게 됐다. 이들 가운데에 후에 바울로의 수행자가 된 베레아 사람 비로의 아들 소바드로도 있었다.(사도행전 20,4 참조)

훼방꾼에게 쫓겨 아테네로

그러나 이러한 기쁨은 오래 지속되지 못했다. 데살로니카 히브리인들이 베레아에서 활동하는 바울로의 선교 사실을 알게 되자 이들의 활동을 저지하려 훼방꾼들을 보냈기 때문이다. 그리스도인들은 조심스럽게 바울로를 안전한 지역으로 피신시키기로 결정했다.

마침내 바울로는 실라와 디모테오가 베레아에 남아 교회를 공고히 하도록 하고, 적에게 쫓기는 자신은 마케도니아를 떠나 그리스 중부로 가기로 결정했다. 베레아 신자들의 호위를 받으며 가까운 항구인 오늘날 엘레프테로호리온으로 내려가 그곳에서 배를 타고 피레아 항구로 갔다.

이제 그의 앞에는 고대 세계, 그 오래되고 영광스러운 도시가 펼쳐진다. 아테네 여신의 도시! 여신의 이름을 본따 아테네로 불리는 도시! 대 철학자의 도시! 비극 작가들의 도시! 예술의 도시! 한 작은 민족이 불과 100년도 되지 않는 기간에 학문과 예술, 철학, 정치 등 여러 방면에서 인류정신사의 최고봉에 도달한 경우는 세계 역사상 유일무이한 경우다. 그것이 아테네라고 불리는 기적이다.

오늘날에도 고대문명의 흔적 앞에 서면, 세상에서 가장 아름다운 그 모습을 보고 황홀경에 빠지게 된다. 바울로 사도도 파르테논 신전이 있는 아크로폴리스를 마주했을 때, 우리가 오늘날까지도 고대 그리스문화의 비길 바 없는 예술품을 처음 대할 때 느끼는 감동을 느꼈으리라.

그러나 바울로가 아테네에 발을 내디뎠을 때 그곳은 이미 페리클레스 황금시대의 아테네가 아니었다. 로마제국 지배 아래 놓여 있었고 제국의 한 지역이었을 뿐이다. 도시는 쇠퇴기에 있음에도 로마 귀족사회와 로마 황족들에게 계속해서 매력을 끄는 도시로 남아 있었다. 카이사르와 폼페이우스, 아우구스투스, 또 다른 황제들도 아테네의 훌륭함에 존경을 나타냈다.

바울로는 아테네인들의 생각과 관습을 알고자 며칠 동안 도시를 돌아다녔다. 가는 곳마다 세워져 있는 우상을 보면서 그는 마음속으로 충격을 받고 실망했다. 그래서 한 분이신 참 하느님에 대해 유다인 회당에서 적은 수의 유다인들과 토론을 하기 시작했다. 또 갖가지 신을 숭배하는 이전 우상숭배자들과도 아고라에서 이야기를 나누기 시작하였다. 고대 아테네 아크로폴리스 북서쪽에 있던 낮은 언덕 아레오파고(Areopagos) 아래에 있는 아고라(Agora)는 오늘날까지 잔재가 남아있으며, 외국인들의 만남의 장소였다.

그곳에서 바울로는 다양한 사람들을 만났다. 당시 그리스 사회에 큰 영향력을 행사하던 에피쿠로스 학파와 스토아 학파 철학자들도 그곳에서 만났다. 이들은 바울로가 예수와 부활에 관한 복음을 전하는 것을 들었지만, 그 말의 의미를 이해할 수 없었다.

그들은 바울로가 자신들이 알지 못하는 어떤 외국의 신들에 관해 말한다고 여겼으며 의문을 품었다. 저 떠버리가 우리에게 무얼 말하려는 것일까? 그들은 바울로가 가르치는 것을 정확히 알고자 바울로의 손을 잡고 아레오파고로 데려갔다. 그곳은 고대도시의 최고 법정으로 대법관 회의가 열렸던 곳이었다. 오늘날에도 우리가 보는 아레오파고는 아크로폴리스에서 멀지 않은 곳에 있으며, 높은 곳에 자리 잡고 있다. 그곳에 도착하자 그들은 바울로에게 자신의 생각을 펼쳐 보라고 했다.

바울로는 처음으로 우상을 숭배하는 공공장소에서 설교를 했다. 아레오파고 위에 서서 온 도시를 내려다 봤다. 동쪽으로 눈을 돌리면 아크로폴리스 신전 입구와 파르테논이 보였고, 파르테논 왼쪽에는 빛나는 투구를 쓴 아테네 여신의 거대한 청동상이 보였을 것이다. 여신은 한 손에 번쩍이는 방패를, 다른 손에는 금빛 창을 갖고 있었다. 철학과 학문으로 무장된 바울로는 가장 뛰어나고 선택받은 아테

바울로 사도가 설교하던 아레오파고 언덕

네 청중 앞에서 우상 숭배의 어둠에서 아테네인들을 자유롭게 해주고 빛과 사랑, 삶이고 한 분이신 참 하느님을 알게 해 주고 싶었다.

설교는 바울로 사도가 이 오래된 고대도시에서 봤던 '알지 못하는 신'에게 바친 제단에 대해 말하며 시작되었다. "당신들이 알지 못했던 바로 그 신에 관해 내가 당신들에게 알려주기 위해 왔습니다"라고 그들에게 말했다. 바울로는 다르소에서 학생 시절에 공부하며 외웠던 그리스 철학자들 말을 인용해 '하느님 본성은 하느님 창조물을 통해 드러나며 신과 교통하기 위한 인간 영혼의 추구'라는 의미들을 사용해 자신의 주장을 펼쳤다.

대 그리스 철학자들은 인간 영혼이 신의 속성을 가졌음을 발견했다. 아레오파고에서의 바울로 설교는 고대 수사학의 백미로 특징된다. 정확한 아티카 방언을 완벽하게 사용했고, 특정 청중을 고려했으며, 때와 장소에 적합한 설교를 하였다. 사도행전 17장 22절에서 31절에 기록된 이 훌륭한 내용을 독자 여러분도 차근차근 읽어보기 바란다. 청중들은 흥미롭게 설교를 경청했으나, 바울로가 죽은 자들의 부활을 말하자 웃음을 터뜨리며 조롱한다. 바울로는 이러한 분위기에서 설교를 계속할 수 없어 중단하게 되었다.

아테네에 첫 교회를 세우다

누군가 사도에게 말했다. 그 내용이 매우 흥미롭다. "훗날 다시 그 이야기를 듣겠다는 사람들도 있었다"(사도행전 17,32). 바울로는 이 말을 알아듣고 슬퍼하며 그 자리를 떠났다. 아레오파고에서 이뤄진 설교는 바울로에게는 아주 귀중한 경험이었다. 주님의 은총 없이는 믿음이 뿌리내리지 못함을 확인했던 것이다.

그래서 바울로 사도는 데살로니카인들에게 보낸 편지에서 그 이유를 "모든 사람이 다 신앙을 갖고 있지는 않습니다"(2데살로니카 3,2)라고 말한다. 만일 사람이 '이 세상의 지혜'를 버리고 하느님의 지혜를 갈구하지 않는다면, 그리스도의 구원의 빛은 그 안으로 결코 들어갈 수 없다.

바울로가 집으로 가려고 떠날 때, 몇몇 사람은 그를 따라왔다. 바울로가 뒤를 돌아보자 교양 있고 점잖은 한 남자가 자신을 대법관인 디오니시오라고 소개했다. 그들 속에 한 친절한 귀부인인 다마리스도 있었다. 그 외에도 다른 몇 사람들이 함께 있었다. 바울로는 그들을 맞아들여 새로이 입교한 형제들과 함께 밤늦도록 머물며 그리스도에 대해 말했다.

　이들이 아테네에 첫 교회를 세웠다. 이들 가운데 가장 중요한 인물이던 디오니시오는 아테네 주교로 서품되었다. 오늘날 아테네에서도 가장 품격이 높은 지역에 사는 아테네인들은 그의 이름을 딴 아름다운 성당을 지었고, 주후 95년 도미티아누스 황제 박해 때 화형을 당하고 순교했다고 전해지는 그를 그들 도시의 수호성인으로 기념하고 있다. 또 해마다 수많은 신자들은 아레오파고에 모여 아테네 교회 설립자로서 바울로 사도를 기념하며 축일을 지내고 있다.

18
고린토 교회가 세워지다

고린토 교회를 매우 사랑했던 사도가 광범위한 지역에서 선교하는 모습을 그렸다. 〈작가 노트〉

고린토에 18개월 머물며 복음을 전파하다

바울로 사도는 아테네에서 마음이 그리 편치 않았다. 아테네는 자신들의 교양과 빛나는 역사에 대해 크나큰 자긍심을 갖고 있어 그리스도교 신앙의 전파를 위한 구심점이 될 수 없을 것으로 여겨졌다. 그래서 그는 고린토로 향했다. 그 시절 고린토는 그 지정학적 위치 덕에 엄청난 발전을 하고 있었다.

고린토 항구는 에게해와 이오니아해를 연결했고, 로마제국 동부와 서부 지역을 긴밀히 연결하였다. 로마 원로원 대표가 고린토에서 지방총독으로 봉직할 정도였다. 바울로는 고린토가 그리스도에 대해 알고 있다면 곧 항구에서 주위 섬들로, 나아가 모든 지역으로 그리스도교 신앙이 퍼져나갈 것임을 알았을 것이다.

천막 만드는 아퀼라 부부를 만나다

바울로가 아테네에서 고린토에 이르는 80km를 육로로 갔는지, 아니면 더 빠른 해로를 택했는지 우리는 알 수 없다. 후자라면 피레아 항에서 고린토 운하로 곧바로 가는 배를 타고 가서 겐크레아 항에서 내렸을 것이다.

사로니코에 있는 이 항구는 고린토 만에 있는 레카온 항구로 하나의 예인망으로 연결돼 있다. 로마의 카이사르가 100년 전 상품을 실은 배들을 고린토 운하 한 쪽에서 다른 쪽으로 실어 나르기 위해 설치했던 것이다. 이렇게 함으로써 대부분의 작은 배들은 펠로폰네소스의 파도치는 대양을 피하게 됐을 뿐 아니라 한 바다에서 다른 바다로 이어지는 여행 기간을 크게 줄일 수 있었다.

바울로가 고린토로 들어가 천막제조업자 아퀼라와 브리스킬라 부부를 만났을 때의 기쁨은 이루 형용할 수 없었다. 세례 받은 그리스도인이었던 부부는 바울로에 앞서 로마에서 고린토로 왔다.

부부는 자신의 집에 바울로를 유숙시키고 자신의 천막 제조공장에서 일을 하도록 했다. 그것은 아퀼라와 브리스킬라 부부에게도 특별한 축복이었다.

이렇게 고린토의 유일한 그리스도인들은 특별한 사랑으로 하나가 되고 믿음 전파를 위해 마지막까지 함께 작업했다. 아퀼라는 폰도스 출신이고, 브리스킬라는 로마 출신이었다. 아마도 두 사람은 정식으로 교육을 받은 것처럼 보인다. 로마황제 클라디우스는 주후 49년 칙령을 내려 모든 유다인은 로마에서 떠나라고 명했다. 그때 다른 사람들과 함께 아퀼라는 브리스킬라를 데리고 고린토에 정착했다. 이처럼 고린토 히브리 정착촌에는 로마에서 온 유다인들이 많이 살고 있었다.

바울로 사도는 전과 다름없이 회당에서 그의 사업을 시작했다. 예언서에 의거해 모든 예언이 예수 그리스도의 인성에서 완수됨을 설교하고 그들이 설교를 받아들이기를 원했다. 부유한 대상인들인 히브리인들은 자신들이 기다리던 위대한 메시아가 죄수들과 함께 십자가에 못 박혀 죽었다는 것을 도저히 받아들일 수 없었다. 이들은 그 다음 안식일에 바울로가 예수 이름을 말하는 것을 듣자마자 뒤집어엎으며 소동을 벌이고, 그리스도에 대해 불경한 언사를 내뱉었다.

디디오의 집에서 첫 교회 모임

바울로는 사람들이 자신의 면전에서 하느님이신 주님의 성스러운 이름을 공격하는 것을 듣고 있을 수 없어 분노하며 그들 앞에서 "옷의 먼지를 털면서 '잘못의 책임은 당신들이 지시오. 나에게는 잘못이 없소. 이제 나는 이방인들에게로 갑니다.'"(사도행전 18, 6)라고 말했다.

바울로가 회당에서 나오자 디디오 유스도가 그 앞에 나타나 회당 옆에 있는 자신의 집을 교회 모임을 위해 제공했다. 바울로는 그 제안을 기쁘게 받아들였다. 바울로의 말을 받아들인 사람들은 그를 따라 디디오의 집에 모였으며, 그곳에서 바울로는 세례성사를 주기 위해 교리문답을 체계화했다.

고린토에 있는 첫 교회는 주로 전에 우상 숭배자였던 이들과 몇몇 유다인들이 설립했다. 세례 교인들 중에 회당장 그리스보는 온 가족과 함께 세례를 받았다. 그리스보는 후에 에기나섬의 첫 번째 주교로 서품되었다.

고린토 히브리인들은 그리스도인들이 계속 늘어나는 것을 보자 두고만 보고 있을 수 없었다. 주님은 바울로가 담대하게 대적하도록 투지를 강화시키기 위해 어느 날 밤 환영으로 나타나 그에게 말씀하셨다. "겁내지 마라. 잠자코 있지 말고 전도를 계속하여라. 내가 너와

회당장 그리스보에게 세례를 주는 바울로 사도

함께 있을 터이니 너에게 손을 대어 해칠 사람은 하나도 없을 것이다. 이 도시에는 내 백성이 많다"(사도행전 18,9-10).

이러한 주님의 확증은 바울로에게 큰 용기를 줬다. 신자는 주님이 함께 하심을 느낄 때 아무것도 두렵지 않다. 찬양과 함께 외쳤다.

"주님께서 내 편이시라 나에게는 두려움이 없나니"(시편 118,6). 그리고 "나 비록 음산한 죽음의 골짜기를 지날지라도 내 곁에 주님 계시오니 무서울 것 없어라"(시편 23,4).

실제로 주님께서는 앞서 우리가 말했듯이 히브리인들이 그를 갈리오 총독의 재판석 앞으로 끌고 갔을 때 모든 죄목에서 그를 벗어나게 했다.

바울로는 고린토에서 데살로니카 그리스도인들에게 두 서신을 보내 그들이 당하는 박해에 강력히 대항하도록 힘을 실어주셨고 데살로니카에서 갑자기 추방당하면서 그들과 미처 논의하지 못한 몇 가지 문제를 그들에게 명료하게 알려주셨다. 데살로니카인들에게 보낸 편지들은 후에 신약성서에 포함됐고, 신약성서 27권 중 가장 오래된 것이다.

데살로니카 신자들에게 편지

바울로는 동료인 실라, 디모테오와 함께 18개월 동안 고린토 시내뿐만 아니라 아카이아의 광범위한 지역에서 선교를 했다. 그것은 고린토인들에게 보낸 둘째 편지에 나타나며, 아카이아 교회에 인사하는 데에서도 알 수 있다.(2고린토 1,1 참조) 특별히 고린토 항구인 겐크레아에 있는 교회에 절실하게 필요했으므로 여성신자 페베에게 봉사자 직분을 줬음을 성서에서 볼 수 있다.(로마 16,1)

바울로는 고린토 교회를 매우 사랑했으며 당면 문제들을 해결해 나가도록, 그리고 정신적으로 교회를 강화시키고자 항상 돌봤다. 신약성서에 포함된 고린토 신자들에게 보낸 첫째, 둘째 편지라는 두 편의 긴 서신이 그것을 나타내준다. 그리고 세 번째 선교 여행 중에 고린토를 두 번째로 방문한 것을 봐도 그것을 알 수 있다.

바울로는 다른 지역에서 복음을 전파하는 것이 염려돼 고린토를 떠나기로 했다. 고린토 교회는 적임자들인 사제들로 잘 운영되고 있었기 때문이다.

고린토를 떠나는 바울로는 자신의 협력자들을 데리고 함께 떠났다. 아퀼라와 브리스킬라를 자신의 장래 선교활동을 예비하도록 소아시아 에페소에 거처하게 했다. 그리고 그곳 회당에서 설교하고 예루살렘으로 떠났다. 하느님께서 원하신다면 에페소로 곧 다시 오겠다고 약속하고 바울로는 예루살렘으로 떠났다.

위대한 사도의 두 번째 선교여행은 이렇게 끝났다.

19
제3차 선교여행

아시아의 광범위한 지역에 융성한 교회를 세우기를 간절히 원했던 바울로 사도를 떠올리며, 요한 묵시록에 언급된 일곱 교회의 하나인 페르가몬의 인상과 일곱 개의 별들로 이뤄진 화관과도 같은 일곱 교회의 빛을 나타냈다. 〈작가 노트〉

소아시아 에페소에 융성한 교회를 꽃피우다

기나긴 2차 선교여행의 노독에 지친 바울로 사도는 시리아 안티오키아로 돌아왔다. 아직도 그를 힘들게 하는 몇몇 문제를 안고 있기는 했지만, 그리스도 형제들의 뜨거운 영접을 받게 돼 그는 참으로 기뻤다.

그러나 바울로는 거기에서 멈출 수 없었다. 그가 설립한 교회에서 유다인들이 말썽을 일으키려고 한다는 제보들이 날아들었기 때문이다. 새로 세례를 받은 그리스도인들의 믿음을 공고히 할 필요가 있었다. 또 가능한 한 이른 시일 안에 다시 에페소로 가겠다는 약속도 지켜야 했다. 그래서 겨울이 지나자마자 주후 53년 봄, 교회의 축복을 받으며 바울로 사도는 제3차 선교여행을 떠났다.

아르데미스 여신 숭배 중심지

목적지는 에페소였다. 그곳에 도착하기 전에 바울로는 남부 갈라디아 교회들을 방문해야만 한다고 생각했다. 그곳은 그가 매우 사랑했고 후원이 절실히 필요한 곳이었다. 데르베에는 그해 6월께 도착했을 것으로 보인다. 이곳에서 그는 자신의 수행원으로 데르베 출신 가이오를 합류시켰다. 그는 바울로의 새로운 제자로 합세했다.

에페소에 있던 신전의 잔해

그리고 예루살렘의 가난한 형제들을 위한 모금활동으로 '로기아 (collection)'를 결성했다. 그는 그 지역 다른 교회들을 방문했으므로 프리기아를 거쳐 에페소에 도착했다. 에페소는 에게해 연안에 있는 아주 오래된 도시다. 아마존 여족(女族)이 세웠고, 그들은 사냥의 신 아르데미스 여신을 숭배했다. 바울로 시대까지도 그곳에는 소아시아에 있는 우상숭배의 가장 큰 중심지였다.

아르데미스 여신의 거대한 상과 대리석 신전은 수많은 참배객을 그곳으로 끌어들였다. 신전 주위에는 아르데미스 여신과 다른 신들의 신상을 제조하는 공장들이 세워져 성행하고 있었다. 동시에 에페소는 동방의 가장 큰 상업중심지로서, 그리고 지방총독이 있는 소아시아 행정수도로서 많은 사람들이 모이는 곳이었다. 소아시아 에페

에페소에서 항구로 이어진 길

소는 500개 도시와 농촌을 포함하고 있었다.

여기에서 바울로는 광범위한 활동을 펼쳤다. 그래서 그는 고린토인들에게 보낸 첫째 편지에서 "내가 큰 일을 할 수 있는 문이 활짝 열려 있습니다"(1고린토 16,9)라고 적고 있다.

지금까지 선교활동을 펼친 어디에서도 바울로는 에페소에서처럼 풍성하고 거대한 선교의 장을 만난 적이 없었다. 선교는 유다 회당에서 시작되었다. 유다 극단주의자들이 강하게 반발하자 사도는 집에서 교리문답을 계속했다. 교인들 수가 늘어났고 가장 넓은 집에서조차도 자리가 부족하게 됐을 때 그는 선교 중심지를 디란노라고 불리던 학교로 옮겼다. 아마도 디란노는 새로운 교인들 중 한 사람이 감사 표시로 학교의 큰 교실을 빌려줬거나 기증해 바울로 사도가 가르

고대 에페소의 시장 터

칠 수 있도록 했을 것으로 보인다.
 주후 61년에 로마 감옥에서 바울로 사도가 에페소인들에게 보낸 편지에 따르면, 에페소 그리스도인들은 믿음과 사랑이 성장해 있었던 것으로 보인다. 그래서 사도는 주님께 감사하기를 그치지 않았고, 기도 중에 항상 그들을 기억했다.(에페소 1,15-16 참조)

요한묵시록 일곱 교회 번창

 바울로는 많은 협력자들과 함께 아시아의 광범위한 지역에서 융성하게 교회가 설립되기를 열렬히 원했다. 요한 묵시록에서 언급된

에페소의 The Gate of Persecution(박해의 문)

에페소, 스미르나, 베르가모, 티아디라, 사르디스, 필라델피아, 라오디게이아와 같은 교회였다. 이들 일곱 지역 교회들은 일곱 개 별들로 된 화관처럼 에페소 모교회에 화관을 씌워주었다. 바울로는 로마에서 편지를 보내며 기쁨에 넘쳤을 것이다.

"여러분이 전에는 어둠의 세계에서 살았지만 지금은 주님을 믿고 빛의 세계에서 살고 있습니다. 그러니 빛의 자녀답게 살아야 합니다." (에페소 5,8).

교회는 매우 성장했고, 각 도시마다 성체성혈성사를 주관할 책임자들이 있어야만 했다. 그래서 원로들을 주교로 서품했다. 주님의 피로 세우신 교회, 하느님의 교회를 사목하기 위해서였다. 에페소에 머무르던 거의 3년 동안 많은 시간을 이들 원로들 교육과 조직을 위해

할애해야 했다.(사도행전 20,28-31 참조) 이렇게 한 뒤 사도가 에 페소를 떠났을 때에는 이들 원로들이 사목을 계속할 수 있게 됐다.

어느 날 갈라디아 교회에서 바울로에게 슬픈 소식이 전해졌다. 히브리 사람들이 바울로를 적대해 중상 모략하는 움직임이 일어났다는 것이었다. 열두 제자에 속하지 않으니 진정한 사도가 아니며, 그래서 그의 가르침을 받아들여서는 안된다고 그를 비난했던 것이다. 숨겨진 이유는 사람들이 할례가 모세 율법의 계명과 분리될 수 없고, 전에 우상 숭배자였던 그리스도인들도 구원을 위해서는 의무적으로 모세 율법을 지켜야 한다는 것을 고집했던 것이다.

이것은 갈라디아 그리스도인들을 교란시켰다. 만일 이러한 견해들이 널리 퍼졌다면, 그리스도 교회는 유다교 이단이 될 위험에 처했을 것이다. 그래서 바울로는 모든 유다식 교리에 대응하는 서신으로 신약성서에 포함된 그 유명한 '갈라디아인들에게 보낸 편지'를 보낸 것이다.

에페소에서 바울로가 직면하게 된 또 하나의 문제는 마법이었다. 사도가 예수 그리스도 이름의 힘으로 행했던 놀라운 기적들로 인해 마법에 종사하던 사람들 다수가 그에게 와서 자신의 행동을 뉘우치고 죄를 고백했다. 많은 마법사들이 자신들의 마법서를 가져와 모든 사람들 앞에서 그것을 태웠다. 이 책들은 5만 은화(영국 금화 1600 파운드에 해당)의 가치가 있는 것으로 추정된다.

고대 에페소의 대극장

요한 사도, 에페소에 잠들다

바울로 사도의 이와 같은 큰 성공은 우상숭배자들, 그리고 마법으로 경제적 이익을 보던 사람들이 사도를 대적해 들고 일어나게 했다. 고린토인들에게 보낸 첫째 편지는 "맹수와 싸우는…"(1고린토 15,32)이라고 말했으며, 로마서는 에페소에서 브리스카와 아퀼라는 "생명의 위험을 무릅쓰고 내 목숨을 살려준 사람들입니다"(로마 16,3-4)라고 전한다.

사도행전은 에페소 신전들의 신상과 아르데미스 신상 제조자들이 야기한 소동 외에는 에페소에서 바울로가 겪은 위험들을 분명하게 적어 놓지 않았다. 바울로가 군중들에게 도시 수호자인 아르데미스

에페소의 성 요한 사도 신학자 성당 터

여신을 숭배하지 말라고 설득했다는 죄목으로 온 도시가 들고 일어났다. 많은 백성들이 대극장으로 모여 들었고 "에페소인이 여신 아르데미스 만세!"라고 외쳤다. 바울로는 극장으로 가 그들에게 말하고자 했으나, 평소 바울로에게 호의를 가졌던 그 도시 귀족들 중 몇몇은 성난 군중 앞에 나타나지 말도록 충고했다.(사도행전 19,28-30 참조)

소요가 끝났을 때 바울로는 그리스도인들을 초대했다. 언제나처럼 성 만찬을 거행했고, 그들에게 자신의 마지막 충고의 말을 남기고 작별인사를 했다. 그리고는 더 이상 그들을 만나지 못했다.

주후 70년 7월 9일, 로마 장군 티토가 4개 군단 8만 명을 이끌고 예루살렘을 파괴한 이후 신학자 요한 사도가 에페소로 왔다.

그는 이곳에서 자신의 복음서와 13편에 이르는 서신들을 썼으며, 매우 연로하여 평안히 눈을 감았다. 그의 무덤이 있는 장소에 비잔틴 황제 유스티니아누스는 성 요한을 추모하는 웅장한 성당을 지었다. 오늘날 우리는 그 성당의 잔해만을 볼 수 있을 뿐이다.

20
모든 교회에 대한 염려

고린토에서 3개월간 머물며 사도직을 완수해가는 바울로 사도의 모습은 떠올리기만 해도 인상적이다. 〈작가 노트〉

투옥과 환난이 기다리는 예루살렘으로 떠나다

바울로 사도는 에페소에서 벌어진 소요를 그곳에 계속 머무르지 말라는 주님의 섭리로 여겼다. 그는 그리스 그리스도인들, 특히 고린토 신자들의 영적 생활에 대해 좋지 않은 소식이 들려 근심이 컸다. 그래서 그들을 바로잡고 올바르게 인도하기 위해 고린토에 서신을 보냈다. 디도를 통해 에페소에서 고린토로 서신을 보낸 사도는 자신의 서신이 그곳 교인들에게 어떠한 영향을 끼쳤는지 알고 싶어 기다렸다.

일리리쿰을 거쳐 고린토로 이동

이후 바울로는 에페소를 떠나 트로아스를 거쳐 마케도니아로 갔다. 그곳은 사도가 자신의 두 협력자인 디모테오와 에라스도를 파견한 곳이다. 바울로가 처음으로 로마 감옥에 투옥될 때까지 계속해서 그를 수행할 의사 루가와 함께 8년 만에 특별한 기쁨으로 필립비에서 그들을 만났다.

한편 디도는 바울로 사도의 서신을 고린토 교회에 전달하고 돌아와 고린토 교회 문제는 이제 해결됐으며, 그들은 바울로 사도에게 용서를 구하고 자신들을 강건하게 해주도록 사도가 고린토로 찾아

바울로 사도가 서신을 기록하다.

와 주기를 고대한다는 기쁜 소식을 전했다. 바울로는 이 기쁜 소식에 위로를 받고 고린토로 두 번째 서신을 보냈다.

고린토인들에게 보낸 둘째 편지는 바울로의 모든 서신들 가운데 가장 공감을 불러일으킨다. 굶주리는 예루살렘 그리스도인들을 도와주도록 그가 행했던 모금활동에서 각자가 능력껏 기부하도록 그들에게 간청했던 것이다. 그는 이 서신을 또 다시 디도 편에 보냈으며, 이번에는 또 다른 협력자 두 명도 함께 보냈다.

필립비에서 건강을 회복한 바울로는 마케도니아 데살로니카 교회와 베레아 교회를 방문하고, 일리리쿰(Illyricum, 오늘날 알바니아 디라키오)에 도착했다.(로마 15,19 참조)

당시에는 달마티아의 모든 해안을 포함해 이피로까지 넓은 지역을 일리리쿰이라 불렀고, 이피로의 니코폴리에 교회를 세웠던 것으로 보인다. 왜냐하면 바울로는 10년 후 자신의 마지막 겨울을 그곳에서 보냈기 때문이다.

바울로 일행은 이피로에서 고린토로 내려갔다. 그곳에서 바울로 사도를 기다리던 교회 대표들은 자신들이 모금한 것을 가져와 고통받는 예루살렘 그리스도인들에게 사랑의 선물을 전달하고자 바울로와 예루살렘까지 동행하기로 하였다. 베레아에서 온 소바드로와 아리스다르코, 그리고 데살로니카에서 온 세군도와 디키고, 에페소에서 온 드로피모, 데르베에서 온 가이오, 디모테오, 루기오, 야손이 예루살렘으로 함께 갔다.

고린토에서 3개월 동안 머물며 바울로는 로마 선교계획의 틀을 마련하였다. 그리고 그곳에서 로마 그리스도인들에게 그가 세워 놓은 계획을 미리 알리기 위해, 또 자신의 선교사업이 로마에서 열매를 맺도록 터전을 구축하고자 로마로 서신을 보냈다. '로마인들에게 보낸 편지'의 끝부분에서 이름난 그리스도인들에게 전하는 바울로의 인사를 발견하게 된다. 겐크레아 교회의 일꾼인 페베와 함께 이 서신을 보냈다.(로마 16,1 참조)

죽은 유디코를 되살리다

바울로는 고린토에서 자신의 사도직을 완수했으므로 모든 협력자들과 함께 예루살렘으로 떠났다. 정상적인 경우라면 배로 떠났을 것이지만 마케도니아를 거쳐 육로로 가기로 했다. 몇몇 유다 극단주의자들이 바울로를 죽이려고 한다는 소식이 그들에게 전해졌기 때문이었다.(사도행전 20,3 참조) 아마도 그들이 바울로 사도를 죽이려고 한 실제 이유는 사도와 협력자들이 지닌 헌금을 뺏으려는 것이었을 듯하다.

그들이 필립비에서 드로아로 와서 이레 동안 머물 때 사건이 발생했다. 주일에 드로아의 모든 그리스도인들이 빵을 떼어 나누려고 모이자 바울로는 한밤중까지 이야기를 계속했다. 다음날에 떠나기로 돼 있어 더 이상 신자들을 만날 수 없을 듯해서였다.

모두들 그 집 꼭대기 층에 모여 있었고, 거기에는 등불이 많이 켜져 있었다. 그때 유디코라 불리는 한 청년이 창가에 앉아 듣고 있다가 바울로 이야기가 길어지자 잠이 들어 3층에서 바깥 정원으로 떨어졌다. 사람들이 그를 일으켜 봤으나, 그는 이미 죽어있었다. 바울로는 즉시 아래로 내려가 예언자 엘리야와 엘리사가 죽은 자들을 살릴 때 했던 것처럼 그 위에 엎드려 그를 끌어안고 주님께 열렬히 간구했다.

그때 기적이 일어났다. 바울로는 청년의 심장이 다시 뛰는 것을 느꼈다. 그는 숨을 쉬기 시작했다. 바울로는 군중을 진정시켰다. "걱정하지 마시오. 아직 살아 있소."(사도행전 20,7-10 참조)

바울로는 이 기적 사건 뒤에 다시 위로 올라가 성찬식을 계속했다. 그들은 다시 살아난 청년도 데려왔고, 모두들 매우 기뻐하며 주님께 감사를 드렸다.

바울로는 밤샘 예식 후에 잠시도 쉬지 못하고 그들과 작별하고 협력자들과 함께 예루살렘으로 떠났다. 오순절을 예루살렘에서 보내고 싶었기 때문이다. 오순절 전에 도착하기 위해 에페소 외곽을 배로 지날 때에도 바울로는 그곳에서 멈추지 않고 밀레레스 조금 아래에서 내려 그곳에서 에페소와 주변 교회들의 사제들을 불러 그들과 작별인사를 했다.

바울로가 에페소 사제들에게 행한 말씀은 가히 충격적인 것이었다. 독자들도 사도행전 20장 18절에서 32절에 이르는 그의 말씀을 되새겨 볼 가치가 있다. 바울로는 사제들에게 "그러므로 여러분은 언제나 깨어 있으시오. 그리고 내가 삼 년 동안이나 밤낮으로 눈물을 흘리며 각 사람에게 쉬지 않고 훈계하던 것을 잊지 마시오"(사도행전 20,31)라고 했으며, "나는 여러분도 이렇게 수고하여 약한 사람들을 도와주고 또 '주는 것이 받는 것보다 더 행복하다.' 하신 주 예수의 말씀을 명심하도록 언제나 본을 보여왔습니다"(사도행전 20,35)하고 말했다.

사도가 그들에게 예루살렘에서 투옥될 것과 환난이 그를 기다리므로 그를 다시는 볼 수 없을 것이라고 말했을 때 모두들 울음을 터트렸다. "그들은 모두 많이 울었으며 바울로의 목을 끌어안고 입을 맞추었다. 그들을 가장 마음 아프게 한 것은 다시는 자기 얼굴을 보지 못하리라고 한 바울로의 말이었다. 그들은 바울로를 배에까지 전송하였다"(사도행전 20,37-38).

사마리아 가이사리아에 도착

바울로는 수행원들과 함께 배로 여행을 계속했다. 에게해 코스로 갔다가 로도스 섬들을 거쳐 남부 소아시아 바다라에 도착했다. 그곳에서 팔레스타인 북부에 있는 페니키아로 가는 다른 배를 갈아타고 여행을 계속했으며 그리고는 띠로 항구에서 내려 도보로 여행을 계속하였다.

사마리아 가이사리아에 도착했을 때, 예루살렘 교회 일곱 보제 중 한 사람인 복음 선포자 필립보의 집에서 유숙했다. 사울이 예루살렘 교회에 대적해 행했던 박해기간에 필립보는 가족들과 함께 떠나 사마리아로 갔으며 거기에서 복음을 전했고 마침내는 예루살렘에서 102km 가량 떨어진 가이사리아에 정착했다.

바울로가 필립보의 집에 유숙하는 동안 안티오키아에서 알게 된 예언자 하가보가 예루살렘에서 와 바울로에게 앞으로 일어날 일을 예언했다. 바울로의 허리띠를 가지고 자기 손발을 묶더니 "성령께서 '이 허리띠의 주인을 유다인들이 예루살렘에서 이렇게 묶어 이방인들의 손에 넘겨줄 것이다.' 하고 말씀하십니다"(사도행전 21,11).

이 예언에 모두들 예루살렘으로 가지 말라고 간청함에도 바울로는 포기하지 않았다. "왜들 이렇게 울면서 남의 마음을 흔들어놓는 겁니까?"(사도행전 21,13)하고 말한 뒤 바울로는 예루살렘으로 떠나갔다.

21
결박된 바울로

로마로 가는 여정은 얼마나 힘든 항해였을지 짐작이 가지 않는다. 난파한 배가 몰타 섬에 도착했을 때 독사가 바울로 사도의 손을 무는 사건이 일어나지만 사도는 아무런 해도 입지 않는다. 〈작가 노트〉

예루살렘 성전에서 체포돼 로마로 끌려가다

주후 58년 오순절, 바울로 사도는 세 번째 선교여행을 완수하고 예루살렘에 도착했다. 그리스도인들은 사도와 협력자들을 큰 기쁨으로 맞았다.

다음날 바울로는 자신의 협력자들과 함께 예루살렘 주교 야고보 사도와 사제들이 있는 교회를 찾아가 헌금을 기탁했다. 바울로와 협력자들이 모금 조직을 통해 자신들 교회에서 모은 성금이었다.

야고보 사도에게 헌금 기탁

전엔 우상 숭배자였던 아시아와 유럽 교회 신자들은 대부분 유다인들로 이뤄진 모(母)교회에 감사하는 마음과 함께 사랑의 연대를 표명하며 경제적으로 곤경에 처한 예루살렘 신자들과 고통을 함께 나눴다. 이어 바울로가 만방에서 이뤄진 선교 사업을 통해 주님께서 이방인들 가운데서 행한 모든 것을 설명하자 모든 사람들이 하느님을 찬양하였다.

예루살렘 그리스도인들 가운데 일부는 유다 관습에서 벗어나지 못하는 예전 유다교인들이었다. 그들 중 많은 사람들은 바울로가 하느님께서 모세에게 준 율법을 무시한다고 들었고 또 실제로 그렇게 믿고 있었다. 이러한 의혹에서 벗어나게 하고자 사제들은 바울로에게 오순절을 기해 유다 그리스도인들 중 네 명을 데리고 성전에 올라가 정결 예식을 실행하도록 충고했다. 그러면 모두가 전에 예수와 사도들이 다닌 성전을 존중하는 바울로를 공공연히 다시 보게 될 것이기 때문이었다.

바울로는 항상 어떻게 하면 사람들에게 유익하게 할 것인가를 자신의 목표로 삼았기에 고린토인들에게 보낸 첫째 편지에서 이렇게 말하고 있다. "내가 유다인들을 대할 때에는 그들을 얻으려고 유다인처럼 되었고… 내가 어떤 사람을 대하든지 그들처럼 된 것은 어떻게 해서든지 그들 중에서 다만 몇 사람이라도 구원하려고 한 것입니다"(1고린토 9,20-22).

바울로는 자신을 중상하는 형제들을 진정시키고자 그 제안을 받아들여 성전으로 올라갔다. 그러나 여기에서 하가보의 예언대로 이뤄졌다. 에페소에서 예루살렘으로 명절을 지내기 위해 돌아왔던 히브리 광신자들이 바울로를 알아보고 내중을 선동하여 그에게 떼직에 달려들었다. 그리고 성전 밖으로 끌고 나가 사도를 죽이려고 때리기 시작했다. 이에 예루살렘 치안을 맡고 있던 로마군 파견대장이 자신의 휘하 백인대장과 군사들을 데리고 와서 바울로를 유다인들에게서 빼내 병영 감옥에 가두었다.

사도행전 21장 34절에서 26장 마지막 절까지 루가는 바울로가 처음 예루살렘과 가이사리아에서 2년 동안 구금당한 것에 관해서, 바울로의 생애 동안 벌어진 유다인들의 음모에 관해서, 유다인 대사제들과 원로들, 온 의회 앞에서, 그리고 로마 총독 펠릭스 앞에서 바울로가 했던 변론에 대해서, 그 후임인 보르기오 페스도 총독과 헤로데 아그리빠 왕에게 했던 바울로의 마지막 변론에 대해 자세하게 기술하고 있다.

헤로데 아그리빠 2세(이전에 같은 이름의 다른 왕이 있었기에 아그리빠 2세로 부른다)는 팔레스티나 북부의 왕이었다. 그의 부친은 제베대오의 아들이자 요한의 형인 야고보 사도를 참수했고, 바울로 사도를 예루살렘에서 투옥시킨 헤로데 아그리빠 왕이다. 그의 증조부는 예수가 탄생했을 때 베들레헴에서 탄생한 아기들을 모두 죽였다.

로마 시민으로 황제에게 상소

그러한 가문 출신에게서 바울로는 정의로운 재판을 기대할 수 없었을 것이다. 페스도 총독이 유다인들의 환심을 사고자(사도행전 25,9 참조) 예루살렘에서 그를 재판하도록 유다 의회에 바울로를 넘겨주려는 것을 알아차렸다. 바울로는 이럴 경우 유다 의회에서 사형선고를 받을 것이 분명함을 알고 있었다. 그래서 그는 로마 시민으로서의 권리를 이용해 자신을 로마 카이사르 법정으로 상소해주기를 요청했다.

그는 페스도 총독에게 말했다. "'나는 지금 카이사르의 법정에 서 있습니다. 나는 여기에서 재판을 받아야 할 사람입니다. 각하께서도 잘 아시는 바와 같이 나는 유다인들에게 조금도 잘못한 것이 없습니다. 만일 내가 무슨 법을 어기거나 죽을 죄를 지었다면 사형도 마다하지 않겠습니다. 그러나 이 사람들의 고발에 아무런 근거가 없다면 아무도 나를 그들에게 넘겨줄 수는 없습니다. 나는 카이사르에게 상소합니다.' 하고 대답하자 페스도는 배석 판사들과 협의하고 나서 '그대가 카이사르에게 상소하였으니 그대를 카이사르에게 보내겠다.' 하고 말하였다"(사도행전 25,10-12).

로마법에 따르면 로마 시민이 황제에게 상소하면 어떠한 법정도 그를 재판한 뒤 유죄를 선고하거나 무죄로 석방하는 것을 할 수 있는 권리가 없다. 그래서 아그리빠 왕은 자신이 무죄임을 증명한 바울로의 명쾌한 변론을 경청하고 나서 페스도 총독에게 말했다. "그 사람이 카이사르에게 상소만 하지 않았더라면 석방될 수도 있었을 텐데요"(사도행전 26,32). 왕의 이러한 의견에 따라 페스도 총독은 네로에 의해 확실히 무죄로 판결이 내려지게 될 고발장을 작성했다.

사도행전 27장은 폭풍과 난파 속에서 가이사리아에서 로마로 가는 바울로의 이송 경유지를 기술했을 뿐 아니라 고대인들의 항해에 관해 저술한 매우 귀중한 가치를 지닌 정보 기록서로도 유명하다.

주후 60년 0월 어느 날 아침, 가이사리아 부두에는 로마 병사들의 투구와 창이 보였다. 이들은 로마 경기장에서 서로 죽일 때까지 잔인한 결투를 벌이게 될 팔레스티나 죄수들을 호송키로 했고, 그 배에 바울로도 함께 태워 로마로 호송하기로 했다.

그들을 호송할 황제 친위대의 백인대장은 율리오라는 사람으로 처음부터 바울로가 로마로 재판을 받기 위해 끌려가는 것은 잘못된 것이라는 것을 알아차리고 사도를 존중해줬다. 그래서 바울로의 친구와 제자들이 작별인사를 하러 왔을 때, 율리오는 그들 중 루가와 디모테오, 아리스다르코 등 세 사람에게 바울로를 수행하도록 허용했다.

로마로 압송되며 폭풍으로 조난을 겪다.

바울로는 무엇이 그를 기다리고 있는지 잘 알고 있었다. 이 멀고 먼 해상여행이 얼마나 힘든 고난을 뜻하는지 경험으로 알고 있었다. 더욱이 이번 여행은 영어(囹圄)의 몸이 돼 항해하는 여정이었다.

폭풍과 난파 겪으며 로마 도착

그러나 바울로는 불행 속에서도 고난 받는 사람들에게 용기를 줄 수 있었고, 그들을 정신적으로 도와줄 수 있었으므로 위안을 받았다. 그들 중 얼마나 많은 사람들이 그리스도에게로 향한 길을 찾게 될지 아무도 모르기 때문이었다.

바울로는 일행에게 닥친 무시무시한 폭풍 속에서 사랑으로 용기를 북돋아 주었으며, 멜리데 섬에 배가 정박했을 때는 그들에게 구원을 베풀었으므로 사람들은 그를 신으로 여겼다. 어떻게 달리 설명할 수 있을까?

섬에서 독사가 손을 물었을 때 바울로는 아무런 피해도 입지 않았고, 후에 그들을 초대해 대접해준 이 섬의 수령인 푸블리오의 아버지가 열병과 이질에 걸려 누워있는 것을 보고 그를 위해 기도하고 안수해 고쳐주었다.(사도행전 28,3-8 참조)

많은 고난을 겪은 후 마침내 일행은 로마에 도착했다. "로마에 있는 교우들은 우리가 온다는 소식을 듣고 아피오 광장까지 마중 나온 사람들도 있었고 트레스 타베르네라는 동네까지 나온 사람들도 있었다"(사도행전 28,15). 바울로는 그들을 보자 감격스러워하며 이 감동적 만남에 대해 주님께 감사를 드리고 용기를 얻었다.

멜리데 섬에서 독사에 물리고도 기적적으로 살아나다.

백인대장 율리오는 로마에 도착하자 죄수들을 감옥으로 넘겼다. 하지만 바울로에게는 그를 지키는 군사 한 사람과 함께 따로 개인 집에 머물러도 좋다고 허락했다.

22
두 번에 걸친 투옥

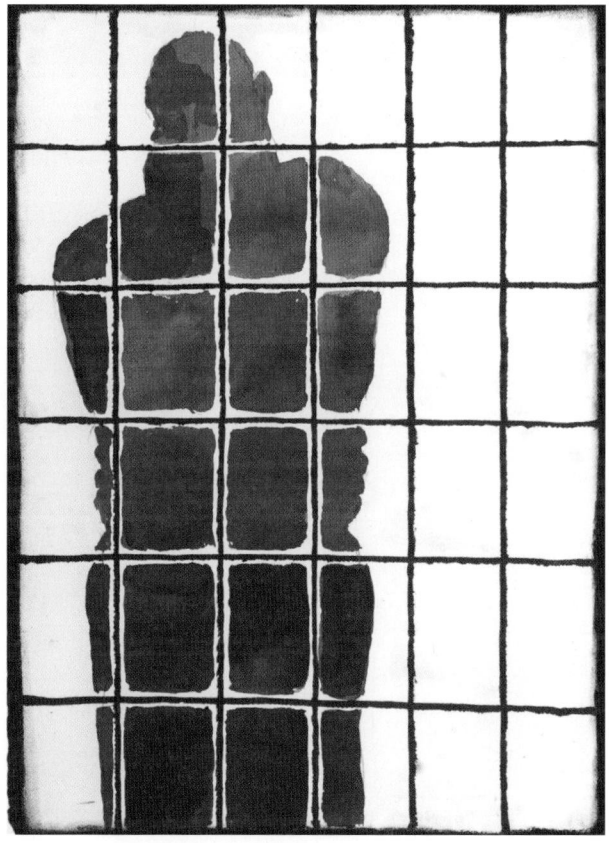

두 번째로 투옥된 바울로 사도가 죄수처럼 쇠사슬에 묶여 있다. 두 차례에 걸친 재판은 결국 사형으로 판결이 난다. 그리하여 로마 시민인 바울로는 참수된다. 〈작가 노트〉

바울로 사도, 로마에서 장렬하게 순교하다

로마인들에게 보낸 편지(1,10-15 참조)를 통해 우리가 이미 알고 있듯이 바울로 사도는 로마에서 복음을 전파하고자 하는 열망이 무척 컸다. 로마에 왔으나 그는 일정 주거지에 연금된 몸이었다.

그러나 이러한 상황에서도 바울로는 기회가 닿는 한 그리스도를 전파하고자 노력하였다. 그는 도착 사흘 뒤부터 유다인 지도자들을 만나기 시작했다. 그들에게 자신을 방문해 달라고 요청하고 그들에게 자신이 영어의 몸이 된 이유를 알려주었다. 훨씬 더 많은 사람들이 다시 그를 찾아왔고, 그는 예언서에 근거해 그들에게 구세주 그리스도에 대해 말했다. 일부는 그의 말씀을 받아들였으나, 상당수는 받아들이지 않았다.

영어의 몸으로 그리스도를 전파

로마에서 영어의 몸으로 있던 2년 동안 바울로는 자신이 머물던 집을 셋집으로 바꿔 선교 중심지로 삼았다. 많은 사람들이 바울로의 말씀을 듣고자 하는 열망으로 찾아왔다.(사도행전 28,30-31 참조)

사도행전은 여기에서 멈춘다. 바울로의 행적에 대해 더 이상 아무것도 전하지 않는다.

로마의 감옥에 갇힌 바울로 사도

 그러나 우리는 바울로가 순교하기까지 행적에 대해 아주 귀중한 정보를 갖고 있다. 그것은 그가 처음 감옥에 갇혀 있던 기간, 즉 주후 61~63년에 썼던 서신 다섯 편과 그 이후 쓴 서신 세 편이다.
 이들 서신은 로마에서도 그리스도인들이 꾸준히 늘어났음을 알려 준다. 바울로는 신자 수가 이처럼 늘어난 이유를 그가 감옥에 갇힌 덕분으로 돌린다. 필립비인들에게 보낸 편지에서 바울로 사도는 다음과 같이 전한다.
 "형제 여러분, 내가 당하고 있는 일이 복음을 전파하는 일에 오히려 도움이 되었다는 사실을 알아주시기 바랍니다. 내가 그리스도를 위해서 갇혀 있다는 사실이 온 경비대와 그 밖의 모든 사람들에게 알려지게 되었습니다. 그래서 내가 갇힌 일 때문에 많은 교우들이 주님을 더욱 확고히 믿게 되었고 이제는 조금도 두려움 없이 용감하게 하느님의 말씀을 전하게 되었습니다"(필립비 1,12-14).

바울로와 같은 시대를 살았던 당대 역사가들은 일찍이 로마의 팔라티노 언덕으로 그리스도교 사상이 스며들었다고 전한다. 그리고 공인들 가운데서도 티토 플라비우스 클리메네와 그의 부인 도미틸라 외에도 다수가 그리스도인이 되었다. 로마 역사가 타키투스(Tacitus, 주후 약 55~117)는 주후 64년 그리스도교회가 엄청난 숫자로 불어나 있었고, 그리고 계속해서 불어났다고 전한다.

바울로는 그의 첫 번째 영어 생활을 마치면서 필립비인들에게 보낸 편지를 통해 이렇게 썼다. "모든 성도들이 여러분에게 문안합니다. 특히 카이사르의 집안사람들이 문안합니다"(필립비 4,22).

바울로의 재판은 2년이나 늦어졌다. 그것은 수많은 주요 사건들을 다루던 로마 법정에서는 흔히 있는 일이었다. 네로가 임명한 두 재판관 가운데 한 사람인 페니우스 루푸스(Fenius Rufus)가 바울로 사건을 맡아 주후 63년 여름에 재판을 했던 것으로 보인다. 그는 잔인하지 않고 아주 친절한 사람이었다. 그래서 바울로에게 무죄판결을 내렸다. 이로써 바울로는 자유의 몸이 됐고, 어느 곳이든지 자신이 원하는 곳으로 갈 수 있게 됐다.

4년간 영어의 세월을 보낸 후에 그의 손을 속박하던 쇠사슬이 풀렸기에 바울로는 새로운 봄이 그에게 찾아왔음을 느꼈다. 쇠사슬에 묶인 채 그가 그레데 섬을 지나 로마로 향할 때 그곳 사람들을 위해 아무것도 할 수 없었다. 그렇지만 이제 자유로운 몸이 되자 그는 디도를 데리고 그레데로 가는 배에 승선했다.

두 번째 재판에서 사형선고

사도행전을 보면, 성령이 강림한 오순절 날에 베드로 사도 설교를 경청했던 사람들 가운데 그레데 사람들이 있었다. 그들은 고향 그레데로 돌아왔을 때 당연히 새로운 신앙에 대해 말했을 터이지만, 고향에서 체계적으로 선교 활동을 하지는 못했을 것이다. 그래서 바울로는 그레데 섬에서 선교 활동의 새로운 장을 펼쳤던 것이다.

그리고 디도에게 그레데 섬 선교 임무를 맡기고, 그곳을 떠나 그의 선교 활동을 계속하였다. 그곳에서 그는 고린토로 갔으며, 그곳에 에라스도를 남겨놓았다. 그 후 에페소 사람 트로피모가 앓아 누워있는 밀레도스로 갔으며, 그 이후에는 에페소로 가서 디모테오를 그곳에 정착시켰다. 그리고서 마지막으로 트로아스에 왔으며, 그곳에서 다시 마케도니아로 갔다.

주후 66년 가을, 바울로 사도는 협력자들과 함께 니코폴리스로 갔다. 바울로는 그곳에서 겨울을 보낼 생각이었다. 가면서 디도에게 니코폴리스에서 만나자고 편지를 보냈다.(디도 3,12 참조) 디도는 니코폴리스로 가서 바울로와 함께 겨울을 난 것으로 보인다.

주후 67년 봄, 바울로 사도는 디도를 달마디아(오늘날의 발칸반도)로 보내고(2디모테오 4,10 참조), 자신은 로마로 떠났다. 로마 주교 클레멘스는 바울로가 스페인을 의미하는 '서쪽 끝까지' 갔다고 전하고 있다.

전승에 따르면, 로마 수비대가 바울로를 체포했으며, 그곳에는 오늘날 작은 교회(San Paolo alla Regala)가 있다고 전해진다. 그곳에 바울로가 머물며 복음을 전파하던 집이 있었다. 그 외에도 군인들이 그 집으로 가 바울로의 설교를 듣고 그가 황제를 존중하지 않는 이단의 수괴라고 고발했다고 전해진다.

다시 갇히게 된 바울로는 처음 투옥됐을 때와 달리 곤경에 처했다. 죄수처럼 쇠사슬에 묶였다. 지인들이 감옥을 찾아 면회하는 것도 힘들어졌다. 황제 법정에서 이뤄진 첫 재판에선 훌륭하게 변론을 했으나, 판결은 연기됐다. 다시 재판을 하기 위해서였다. 바울로는 이와 같은 곤경 가운데서도 디모테오에게 편지를 썼다. "주께서 나를 사자의 입에서 구해 주셨습니다"(2디모테오 4,17).

주후 67년 가을, 두 번째 재판이 다가왔다. 바울로 사도는 '하늘 왕국에 들어감으로써' 이같은 곤경이 끝나게 될 것임을 알았다. "나는 이미 피를 부어서 희생제물이 될 준비를 갖추었습니다. 내가 세상을 떠날 때가 왔습니다"(2디모테오 4,6).

두 번째 재판에선 사형이 선고됐다. 로마 시민으로서 참수형이 집행되기에 이른다. 사형을 집행할 소규모 분견대(分遣隊) 호위를 받으며 바울로는 손이 묶인 채 로마에서 5km 정도 떨어진 성 밖 사형 집행장으로 끌려갔다.

로마에서 참수당하다.

세 곳에서 분수처럼 물이 솟아나와

교회 전승은 우리에게 바울로의 순교 장면을 담은 성화를 전해준다. 이 성화에서 바울로는 손이 묶인 채 동쪽으로 돌아서 하느님께 큰소리로 자신의 마지막 기도를 드리고 있다. 이윽고 로마 병사가 칼을 내려치자 바울로의 머리가 땅에 떨어지고, 그의 입은 주님 향기를 내뿜고 영원한 침묵에 빠졌다.

바울로 사도는 처형장에서 3km 떨어진 곳에 있는 로마인 루키니의 농장에 매장됐다. 그 자리에는 오늘날 바실리카풍 장방형 성당이 자리하고 있다. '성 바울로 대성당'(Basilica di San Paolo fuori le mura)이다.

그리스도인들은 바울로 유해를 농장 내 숨겨진 작은 장소에 묻었고, 3세기 발레리아누스 황제(재위 253~260) 박해시대까지 그곳에 남아 있었다. 당시 그리스도인들은 이교도들이 최정상 사도인 바울로 성해를 훼손하지 못하도록 이를 가져다가 또 다른 최정상 사도인 베드로 성해와 함께 성 세바스티아노 성당 카타콤으로 옮겼다. 교회는 이 귀중한 성해를 구하고 지켜낸 것에 크게 감사하며 성해를 옮긴 날인 6월 29일을 오늘날까지도 두 사도 축일로 기념하고 있다.

4세기 콘스탄티노스 대제(Constantinus the Great, 재위 306~337)는 두 사도의 첫 무덤이 있던 곳에 성당을 세웠다. 실베스트르스 사제는 두 사도 성해를 새로 세운 성당으로 옮겼다. 후에 테오도시오스 황제의 장남과 차남인 동로마제국 아르카디오스(재위 395~408) 황제와 서로마제국 호노리오스(재위 395~423) 황제는 콘스탄티노스 대제가 바울로 사도의 첫 무덤에 세웠던 작은 성당 자

바울로 사도의 시신이 매장된 자리에 세워진 성 바울로 대성당

리에 그 유명한 바실리카 양식의 성 바울로 사도 대성당을 세웠다. 이 성당 건축은 주후 395년에 완공됐으며, 그 넓고 웅장함은 당시의 모든 그리스도교 건축물을 압도했다. 불행히도 이 성당은 1823년 화재로 유실됐고, 그 자리에 같은 크기로 오늘날 남아있는 성당이 세워졌다.

이 성당 제단에는 바울로 사도의 위대한 신비가 새겨져 있다. "나에게는 그리스도가 생의 전부입니다. 그리고 죽는 것도 나에게는 이득이 됩니다"(필립비 1,21).

179

23
그리스도를 본받는 사람

바울로 사도의 손에서 꽃피운 교회들을 그리면서 선교여행을 되새기다보니 새삼 그 깊고 웅숭한 사도의 선교 영성에 젖어들어 가는 느낌이었다. 그리스도의 빛으로부터 오는 진실되고 순수한 자비심이었다. 〈작가 노트〉

"나는 훌륭히 싸웠고 달릴 길을 다 달렸습니다"

그동안 숨가쁘게 걸어왔다. 바울로 사도의 행적을 살피고, 그가 이룩한 더없이 훌륭한 업적을 확인하는 여정이었다.

그런데 그를 이방인의 사도로, 고매한 인물로 알려지게 만든 비밀은 무엇이었을까? 하는 질문을 던지지 않을 수 없다.

이에 대한 답변은 단순하고도 간결하다. 자신을 버리고 하나이며 유일하신 하느님 중심으로, 예수 그리스도 위주로 사는 삶과 하나가 되는 인격의 힘이었다. 이는 그리스도의 빛으로부터 오는 진실하고 순수한 자비심에서 비롯되는 영향력이었다.

바울로 사도는 다마스커스로 가는 길에 나타난 예수 그리스도의 부르심에서 자신이 느낀 사랑에 충격을 받았다. 그리고서 점차 시간이 흐르면서 영혼의 아주 깊은 곳에서 자신에게 향하는 그리스도의 사랑을 느낀다.

주님께서는 모세 율법에서 "네 이웃을 사랑하고 원수를 미워하여라."(마태오 5,43)라고 했음에도 불구하고, 그리스도의 적이었고 자신의 제자를 박해하던 바울로를 사랑하고 속죄하고 존중하셨으며, 급기야는 자신의 사도로 삼으셨다.

모세 율법에 따른다면, 바울로가 그리스도인을 체포하러 다마스커스로 접근했을 때 주님은 그에게 불을 던지고 불태우셔야 했다. 그렇지만 주님은 오히려 신성한 빛으로 바울로를 감싸시고 열두 제자

이후 어느 누구에게도 주시지 않았던 사도라는 영광스러운 직분으로 그를 높이는 은총을 베풀어 주셨다.

부활하신 주님께서는 열두 사도에게 나타나시어 당신을 믿고 사랑하도록 권면하셨다. 그리고 자기 자신을 팔삭둥이에 비유했던 바울로에게도 분명하게 나타나셨다.(1고린토 15,5-8 참조)

바울로는 후에 로마 그리스도인에게도 말했다. "그리스도께서는 우리 죄 많은 인간을 위해서 죽으셨습니다. 이리하여 하느님께서는 우리들에게 당신의 사랑을 확실히 보여주셨습니다"(로마 5,8). 이것이 그리스도의 사랑이다. 이 사랑이 바울로를 사로잡았다.

이미 그는 자신을 예수 그리스도의 종이라고 느꼈다. 그래서 다른 어떤 직분보다 "그리스도 예수의 종"(로마 1,1)이라고 자신의 서신에 적고 있다. 종으로서 그는 주님이 기뻐하실 것만 하게 되었다. 사람들을 돕기 위해 겪은 바울로의 고행과 희생을 비록 사람들은 좋아하지 않았지만 주님께서는 사랑하셨다. 그러므로 "내가 아직도 사람들의 호감을 사려고 한다면 나는 그리스도의 일꾼이 아닐 것입니다"(갈라디아 1,10)라고 말했던 것이다.

바울로는 문제가 생기면 그리스도께 기도를 통해 구했고, 그 답이 긍정이든 부정이든 그리스도의 응답을 받았다. 고린토인들에게 보낸 둘째 편지에서 그 응답과 내용을 확인한다. "나는 그 고통이 내게서 떠나게 해주시기를 주님께 세 번이나 간청하였습니다. 그러나 주님께서는 '너는 이미 내 은총을 충분히 받았다. 내 권능은 약한 자 안에서 완전히 드러난다.' 하고 번번이 말씀하셨습니다. 그래서 나는 그리스도의 권능이 내게 머무르도록 하려고 더없이 기쁜 마음으로 나의 약점을 자랑하려고 합니다"(2고린토 12,8-9).

선교여행에서도 바울로는 늘 주님이 이끄시는 곳으로 갔다. 프리기아와 갈라디아를 거쳐 그의 두 번째 선교여행 중에 에페소를 방문할 계획을 세웠다. 하지만 주님은 그를 다른 곳으로 인도하셨기에 바울로는 에페소로 가지 않았다.

마찬가지로 비티니아로 향했을 때에도 주님은 바울로를 내버려 두지 않고 트로아스로 인도하셨다. 그곳에서 다시 환영으로 나타나신 주님은 자신이 원하는 것은 마케도니아로 향하는 것이라고 하셨고, 바울로는 그 말씀에 순종해 마케도니아로 갔다.(사도행전 16,6-10 참조) 항상 기도하며 주님 뜻이 무엇인지 알고자 했고 주님 뜻에 따라 행동하였다. 그것은 협력자들에게서도 확실히 증거된다. 가이사리아에서 예루살렘으로 가려고 할 때 예루살렘으로 갈 것인지 말 것인지 하는 논쟁이 벌어지자 협력자들이 바울로에게 말했다. "주님의 뜻대로 되게 하여주십시오"(사도행전 21,14).

바울로는 자신이 그리스도와 함께하며 하나됨을 느꼈다. 그래서 "나는 그리스도와 함께 십자가에 달려 죽었습니다. 이제는 내가 사는 것이 아니라 그리스도가 내 안에서 사시는 것입니다"(갈라디아 2,19-20). 그는 주님께서 함께하시므로 혼자가 아니라는 것을 알고 있기에 자신에게 무슨 일이 생기더라도 근심하지 않았다. 전능하신 하느님의 아들 예수 그리스도께서 항상 그와 함께 하셨기 때문이다.

주님께서 함께 하시지 않았더라면, 리스트라에서 돌팔매를 맞고 쓰러졌던 바울로가 두 발로 다시 일어설 수는 없었을 것이다. 그는 일어섰을 뿐만 아니라 다른 도시에 복음을 전파하기 위해 계속해서 수천 킬로미터를 여행하기까지 했다.

바울로의 몸은 반복된 매질로 상처투성이였고 바울로는 그것을 기뻐하며 자랑하였다. 채찍질 상처를 가지고 있던 주 예수 그리스도처럼 그도 채찍질 당했고 그 상처를 마치 훈장을 받은 것처럼 자랑했다. "내 몸에는 예수의 낙인이 찍혀 있습니다"(갈라디아 6,17).

바울로가 그리스도와 함께 살고 있었다는 사실은 그가 서신에 남긴 말에서 알 수 있다. "우리는 살아도 주님의 것이고 죽어도 주님의 것입니다"(로마 14,8). 로마 감옥에 투옥돼 재판 받기를 기다리는 동안 그는 어떠한 판결이 나올지 몰랐지만 두려워하지 않았다. 사형선고도 걱정되지 않았다. 반대로 그것을 원했음을 필립비인들에게 보낸 편지에 적어 놓았다. "마음 같아서는 이 세상을 떠나서 그리스도와 함께 살고 싶습니다. 또 그 편이 훨씬 낫겠습니다"(필립비 1,23).

그는 분명 모든 사람이 지닌 죽음의 공포를 벗어났기에 불패의 용기로 주님이 자신을 부르는 곳이라면 어디나 갈 수 있었고 담대하게 네로의 궁전 사람들에게까지 교리를 가르칠 수 있었다.

바울로 삶의 주된 목표는 주 예수 그리스도를 모든 면에서 따라 **살고 주님 발자취를 따르는 것이었다. 베드로 사도가 쓴 것에 맞춰** 행했다. "그리스도께서도 여러분을 위해서 고난을 받으심으로써 당신의 발자취를 따르라고 본보기를 남겨주셨습니다"(1베드로 2,21). 그래서 바울로는 용기를 내어 말했다. "내가 그리스도를 본받는 것처럼 여러분도 나를 본받으십시오"(1고린토 11,1).

이러한 마음으로 바울로는 생애의 마지막 단계에 이르렀다. 두 번째로 로마 감옥에서 쇠고랑을 차는 영어(囹圄)의 몸이 되었던 것이다. 모든 것이 다가오는 재판에서 바울로가 사형선고를 받을 것이라는 사실을 암시했다. 그러나 그는 두려워하지 않았다. 오히려 그는 에페소에서 봉직하는 사랑하는 제자이자 협력자인 디모테오에게 마지막 서신을 쓰는 열정을 보여준다. 디모테오에게 자신의 마지막 충고를 남기고 단단히 마음의 준비를 하도록 덧붙였다.

"나는 이미 피를 부어서 희생제물이 될 준비를 갖추었습니다. 내가 세상을 떠날 때가 왔습니다. 나는 훌륭하게 싸웠고 달릴 길을 다 달렸으며 믿음을 지켰습니다. 이제는 정의의 월계관이 나를 기다리고 있을 뿐입니다. 그날에 정의의 재판장이신 주님께서 그 월계관을 나에게 주실 것이며, 나에게뿐만 아니라, 다시 오실 주님을 사모하는 모든 사람에게도 주실 것입니다"(2디모테오 4,6-8).

이 말은 바울로 사도의 선한 양심을 드러내고 있다. 그의 위대한 정신을 보여주며 평정을 잃지 않은 평안을 느끼게 한다. 어느 누가 생의 마지막 순간에 이보다 더 훌륭한 말을 남길 수 있을까?

24
바울로의 사랑

바울로 사도의 선교여행을 따라간 순례 여정의 끝은 결국 사랑이었다. 그리스도를 본받은 사람, 바울로 사도를 따라 걸어간 사랑의 삶이었다. 〈작가 노트〉

죽기까지 사랑을 실천한 '사랑의 사도'

바울로 사도는 자신을 예로 들어 우리가 그리스도를 본받는다면 하늘에까지 오를 수 있다는 사실을 알려준다. 그래서 "여러분은 하느님의 사랑을 받는 자녀답게 하느님을 닮으십시오"(에페소 5,1)라고 권면한다.

하느님을 본받고 싶지만 어떻게 해야 할지 모른다면, 바울로는 자신을 모범으로 삼으라고 말한다. "내가 그리스도를 본받는 것처럼 여러분도 나를 본받으십시오"(1고린토 11,1). 또한 "형제 여러분, 나를 본받으십시오. 그리고 여러분과 같이 우리를 모범으로 삼고 따르는 사람들을 눈여겨 보십시오"(필립비 3,17)라고 충고한다.

그리고 사랑으로 산다는 것은 그리스도를 본받는 사람이 되는 것이라는 진리를 가르친다. "그리스도를 본받아 여러분은 사랑의 생활을 하십시오. 그리스도께서는 우리를 사랑하신 나머지 우리를 위하여 당신 자신을 바치셔서 하느님 앞에 향기로운 예물과 희생제물이 되셨습니다"(에페소 5,2)라는 바울로 사도의 가르침에서 우리는 그 진리를 알 수 있다.

무엇보다도 사람을 하느님께 가장 가까이 다가가게 만드는 것은 선함, 곧 사랑이다. 우리는 서로 사랑함으로써 하느님과 동참하게 되고 하느님을 닮게 된다. 그러므로 그리스도께서는 말씀하신다. "원수를 사랑하고 너희를 박해하는 사람들을 위하여 기도하여라. 그래야만 너희는 하늘에 계신 아버지의 아들이 될 것이다"(마태오 5,44-45).

바울로는 그런 사랑을 죽기까지 실천했다. 바울로처럼 적에게까지 사랑을 실천한 사람은 아무도 없다. 바울로처럼 그를 해치려고 꾀했던 이들에게까지 이롭게 한 사람은 없다. 바울로처럼 자신에게 고통을 준 사람들을 가엾게 여긴 사람도 없었다.

바울로는 중죄를 지은 이들을 '사랑으로' 용서하라고 고린토 사람들에게 편지를 쓴다. "이제는 여러분도 그를 용서하고 위로해 주시기 바랍니다. 그렇지 않으면 그는 지나친 슬픔에 빠져들지도 모릅니다. 그러니 여러분은 부디 그에게 사랑을 다시 베풀어 주십시오"(2고린토 2,7-8). 또한 "나는 대단히 괴롭고 답답한 마음으로 눈물을 흘리며 여러분에게 그 편지를 썼습니다. 그러나 그것은 여러분의 마음을 아프게 하려고 쓴 것이 아니고 내가 여러분을 얼마나 극진히 사랑하고 있는지를 여러분에게 알리려고 쓴 것입니다"(2고린토 2,4)라고 전제한다.

바울로는 모두를 염려했다. 로마 그리스도인들에게는 모두가 봉사자 페베를 돌봐주도록 편지를 보낸다. "겐크레아 교회에서 봉사하는 여교우 페베를 여러분에게 소개합니다. 여러분은 함께 주님을 믿는 사람으로서 성도의 예절을 갖추어 그를 영접하십시오. 그리고 그가 여러분에게서 도움을 바라는 것이 있으면 아낌없이 도와주시기 바랍니다. 페베는 많은 사람을 도와주었고 나도 그에게 신세를 졌습니다"(로마 16,1-2). 디도에게도 "아폴로와 법률가 제나를 나에게 속히 올 수 있도록 주선해 주고 그들에게 조금도 부족한 것이 없게 해주시오"(디도 3,13)라고 편지를 보냈다.

주인의 것을 훔쳐 달아난 종의 경우에서도 우리는 바울로의 넘치는 사랑을 보고 놀라움을 금치 못한다. 그 종이 로마로 피하자 바울로는 로마에 투옥돼 있으면서도 그 종을 회개시키고 삶을 완전히 바꾸도록 도왔다. 이어 주인인 필레몬에게 편지를 써 보내면서 간절하게 필레몬이 그 종을 용서하고 사랑으로 받아주기를 간청했다. 필레몬에게 보낸 편지는 온통 그 종을 위한 것이었다. 종 오네시모를 "내가 갇혀 있는 동안에 얻은 내 믿음의 아들"(필레몬 10)이라고 부른 바울로 사도는 그가 입힌 손해나 빚을 자신이 대신 갚겠다고 말한다. "그대는 그리스도를 믿는 교우로서 나에게 용기를 북돋아 주시오"(필레몬 20)라고 청하고, 그 종을 더 이상 종이 아니라 자신을 받아들이듯 "사랑하는 교우"(필레몬 16)로 받아들일 것을 간청한다. 종 오네시모에게 보인 바울로의 그 큰 사랑으로 미뤄 볼 때, 바울로 사도가 다른 사람들에게도 얼마나 큰 사랑을 보였을지 가늠하고도 남는다.

바울로는 자신을 핍박하며 죽이려고 쫓아다닌 유다인들의 구원도 간절히 원했다. 그래서 어느 도시를 가든지 바울로 사도는 맨 먼저 유다인들이 있는 곳으로 가 그들의 회당에서 설교를 시작했고, 그를 내쫓으면 그제야 우상숭배자들에게로 가서 복음을 전했다.

바울로 사도는 특히 로마인들에게 보낸 편지에서 복음을 받아들이지 않는 히브리인들의 불행에 깊은 슬픔을 나타내며 우리를 놀라게 하는 말도 전한다. "나는 혈육을 같이하는 내 동족을 위해서라면 나 자신이 저주를 받아 그리스도에게서 떨어져 나갈지라도 조금도 한이 없겠습니다"(로마 9,3).

성 요한 크리소스톰은 바울로 사도에 대한 강연에서 이렇게 말한다. "… 여러분도 바울로의 사랑을 쟁취하고, 영광의 면류관을 받으십시오. 바울로가 행한 사랑의 힘이 바울로를 널리 알려지게 만들었습니다. 바울로를 보기 위해, 그리고 하늘 왕국에 계신 바울로의 주님을 만나기 위해 우리도 계속해서 사랑의 길을 걸어갑시다. 우리들이 영적 투쟁을 함으로써 승리의 면류관을 쟁취하도록 합시다"(세 번째 설교에서).

우리처럼 단순한 사람들에게는 바울로를 본받는다는 것이 참으로 어려운 과제다. 바울로는 우리와는 다른 사람이라는 반론을 내놓은 사람에게 성 요한 크리소스톰은 이렇게 답변한다. "사도 바울로를 본받아 행하는 것이 불가능하다고 여기지 마십시오. 바울로는 우리와 똑같은 몸과 영혼을 지녔던 사람입니다. 우리와 같은 음식을 먹고 마셨으며, 우리와 비슷한 사회적 환경에서 사셨습니다. 그러나 모든 면에서 그리스도를 본받으려는 선한 열망과 위대한 의지, 뜨거운 열성을 가지셨습니다. 만일 당신도 기꺼이 온 정성을 다하고 마음을 다해 노력하면 당신도 그분처럼 되는 데 아무런 방해도 받지 않을 것입니다. 하느님께서 바울로 사도도, 당신도 모두 창조하셨기에 차별하지 않으십니다. 바울로의 주님이신 것처럼, 당신의 주님이기도 하십니다. 바울로를 기리신 것처럼 주님께서는 당신도 알려지기를 원하시고 영광스런 화관도 씌워주실 것입니다. 만일 우리가 열성을 가지고 있다면, 우리는 바울로를 본받아 행하는 데 방해 받지 않을 것입니다. 그는 열성을 가졌기에 은총을 받았습니다"(네 번째 설교에서).

이제 최정상의 사도인 성 바울로에 대한 집필을 그레데의 성 안드레아 대주교(Andrew of crete, 685-711)의 찬양송으로 끝마치고자 한다.

성 사도 바울로 찬양송

영광스러운 바울로 사도여,
누가 당신이 투옥된 것과 그 슬픔을 묘사할 수 있을까요?
누가 사람들을 그리스도 안에서 구원하기 위해 교회로 이끌어
그리스도 복음 안에서 행하신
당신 투쟁과 수고를 밝혀줄 수 있을까요?
……

영광스러운 바울로시여,
누가 당신이 수고한 것과
밤을 새워가며 굶주림과 갈증 속에서 고통받고
추위와 헐벗음 속에서 피신하고
매맞고 돌팔매질 당하며
침몰된 배와 함께 가라앉았던 것을
설명해 줄 수 있을까요?
……

당신의 주님 예수 그리스도 안에서 세상을 구원하기 위해
당신은 힘을 주시는 그리스도 안에서 모든 것을 인내하셨습니다.

위대한 선교사 성 사도 바울로

소티리오스 트람바스 대주교와의 대화

대담 : 평화신문 오세택 기자

-지난 7개월간 바울로 사도의 선교 여정을 평화신문에 연재하시느라 정말 노고가 크셨습니다. 독자들을 대신해 감사 인사를 드립니다. 국내외에서, 특히 여러 교구와 수도회는 물론 여러 공동체에서, 그리고 멀리는 미주지역에서까지 할머니들이 스크랩을 하신다고 연재에서 빠진 부분을 보내달라는 요청까지 있을 정도로 반응이 좋았습니다. 우선 독자들에게 한 말씀 부탁드립니다.

"신문에 연재된 원고가 독자들로부터 호응이 좋았다고 하니 저도 기쁩니다. 이번 기회를 통해 주님의 말씀인 '씨'가 뿌려져서 그 열매들이 맺었다고 생각합니다. 독자들을 '선한 땅'이라고 비유하고 싶군요. 미주지역까지 계신 먼 독자분들이 빠진 원고를 요청할 정도이니 말입니다. 이번 연재를 통해서 독자 여러분들에게 드리고 싶은 말은 여러분은 성 바울로 사도를 이번 연재를 읽으면서 만났습니다. 이렇게 만난 바울로 사도를 마음에 모셔두고 여러분 인생의 훌륭한 안내자가 되기를 기원합니다."

-2000년 전 시대를 살았던 바울로 사도의 삶과 선교여행이 오늘 이 시대를 살아가는 우리에게 주는 '의미'는 무엇이라고 생각하시는지요. 귀한 한 말씀 부탁드립니다.

"바울로 사도는 하느님의 말씀을 받아들이고 세상에 복음을 전파하신 분입니다. 그 복음의 말씀은 그 시대뿐만 아니라 각 시대를 거쳐서 오늘날까지 큰 영향을 끼칩니다. 성서는 '천지가 없어지는 일이 있더라도 율법은 일 점 일획도 없어지지 않고 다 이루어질 것이다.' (마태오 5,18)라고 언급하고 있습니다. 우리의 영혼이 영원한 것처럼 복음도 영원합니다. 그러므로 그 훌륭한 복음을 전한 바울로 사도의 업적은 매우 큽니다. 시대의 발전으로 우리의 생활방식이 많이 달라졌다고는 하지만 선조들이 고민했던 영적인 고민은 오늘날에도 똑같이 이어지고 있고, 미래에 사는 사람들의 영적인 고민도 같을 것입니다. 바울로 사도의 말씀은 우리에게 직접적인 영향이 있습니다. 그래서 교회는 매일 성서 읽기를 권하고 그 성서를 통해서 우리가 직면한 문제점을 해결하도록 권합니다."

- '위대한 선교사 성 사도 바울로'라는 이름이 붙은 이번 시리즈는 사도행전을 위주로 여러 편의 서신이 인용되며 이뤄지는데, 현재의 선교지 상황에 대한 묘사가 다소 부족했다는 지적이 나오고 있습니다. 대주교님께서는 그리스 출신이시고 터키 비시디아, 아딸리아에서도 대교구장으로 계셔서 현지 사정을 거의 다 아실 터인데 그럼에도 불구하고 현지 사정을 과거와 대비시켜 소상하게 전해주시지 않고 성경을 위주로 원고 집필을 하신 이유가 있으신지요.

"원고 분량이 정해졌기 때문에 바울로 사도의 선교여행에 관한 상세한 여행정보나 현재의 선교상황을 묘사하기에는 한계가 있었습니다. 그래서 독자에게 가장 중요하면서도 이야기의 뿌리이며 영원히 남을 고전 중의 고전인 성서에서 찾아 볼 수 있는 지명과 내용을 바탕으로 원고를 작성했습니다. 참고로 이 인터뷰를 통해서 잠깐 현지 사정을 언급한다면 지난 성 바울로 사도 탄생 2000주년 기념 때 터키를 방문한 적이 있습니다. 터키 문화관광부는 터키 여행 안내책자를 내면서 바울로 사도의 삶과 행적 그리고 선교여행길 지도와 바울로 사도의 태생지인 다르소를 비롯해 안티오키아, 아딸리아, 베르기 그리고 바울로 사도가 타브로 산맥으로 가기위해 거쳐 간 길과 안티오키아 비시디아에까지 아주 상세하게 설명하고 있더군요. 그리스도인은 아니지만 터키 문화부 장관은 역사의 인물인 바울로 사도에 특별하게 관심을 보이고 역사 사실대로 소개하고자 노력하고 있습니다. 그리고 또 한 가지 인상에 남았던 것은 안티오키아 비시디아의 시장은 4세기에 지어진 안티오키아 비시디아의 사도 바울로 대성당도 로마의 사도 바울로 대성당과 모습이 같았다는 사실을 알고는 그리스도인은 아니지만 로마에 가서 사도 바울로 대성당을 방문하였고 안티오키아의 비시디아에도 폐허가 된 그 자리에 똑같이 대성당을 복원하는 소원을 갖고 있다고 합니다. 안티오키아 비시디아의 바울로 사도 유적지에는 영어와 한국어로만 안내판이 있더군요. 그리고 안내책자도 영어와 한국어가 있어서 오랫동안 한국에서 살아온 저로써는 터키에서 얼마나 반가웠는지 모릅니다. 그리스로 한 번 가볼까요. 그리스의 필립비에는 성 리디아가 첫 세례성사를 받았던 장소가 있고 지금은 정교회 성당이 자리합니다. 지금까지도 그 성당이 자리한 세례조에서 세례성사는 계속 진행됩니다. 그리스에서 바울로 사도가 지나간 장소 그리고 선교한 곳에는 정교회 성당이 세워졌습니다. 고린토, 아테네 등 바울로 사도는 그 분의 흔적을 남기셨고 오늘날까지 신앙인들은 바울로 사도를 기억하고 있지요."

－바울로는 어떻게 그렇게 많은 여행을 했는지, 바울로의 여행에는 어떤 계획이 있었는지요. 그 선교여정의 결과는 어떠했는지 잘 돌아봤는데 그 선교여정을 요약해 말씀해주시면 고맙겠습니다.

"누구든지 연재를 다시 한 번 읽어보신다면 선교여정을 잘 이해하시리라 믿어요. 요약하기에는 좀 힘든 내용입니다. 첨부된 지도를 보면 도움이 될 것이고, 바울로 사도의 선교여정 지도를 찾아보면 나름대로 정리하는 데 도움이 될 겁니다. 바울로 사도는 본문에서도 언급했듯이 항상 건강이 좋지 않았고 제1차 선교여행에서부터 전염병에 걸려서 고열 등에 시달렸다고 합니다. 바울로 사도는 직접 대답하십니다. 하느님께서 힘을 주신다고 고백하면서 더 이상 개인의 능력으로 선교를 하는 것이 아니라 주님의 은총으로 선교여행을 해나갔습니다. 그래서 바울로 사도는 주님의 은총에 힘입어서 하느님의 일꾼으로 충실했다고 고백합니다. 그러므로 바울로 사도의 인간적인 능력이 아니라 초자연적인 능력을 받아서 주님의 도구로서 사용됩니다. 리스트라에서 돌팔매질을 당해서 사람들은 바울로 사도가 죽은 줄만 알고 성 밖으로 버렸으나 이러한 사건 이후에도 계속해서 다른 지역으로 선교를 해 나갔습니다. 바울로 사도는 그리스도께서 직접 나타나셔서 자신을 이방인을 위한 선교사로 택하셨음을 알고는 선교의 사명을 받아 최대한 다른 민족에게 주님의 말씀을 전파했습니다. 바울로 사도는 항상 선교여행을 하면서 시간이 촉박했기 때문에 한 곳에 오랫동안 머무르지 않고 이동했으며 협력자를 찾아서 자신의 빈자리를 채웠습니다. 협력자에게 교육을 잘 시켜서 그 자리에 교회를 세우고 운영되도록 배려했고 물론 자신은 멀리 있더라도 자신이 세운 교회에 끝까지 관심을 가지고 돌보았습니다. 처음에 세워진 교회는 여러 문제점에 직면했지만 바울로 사도는 적절한 조언과 사랑, 관심으로 올바른 방향으로 인도했습니다."

-신약성경 전체 27권 가운데 바울로 사도가 썼다고 전해지는 바울로 서신은 모두 14권으로 알고 있는데, 이 서신에 나타난 '바울로 신

학'의 핵심은 무엇인지요. 더불어 그리스도인의 신앙에 깊은 영향을 미친 바울로 서신을 쉽게 이해하는 데 도움이 되도록 특징이랄까, 구조랄까 하는 부분을 쉽게 이해할 수 있도록 설명을 부탁드립니다.

"바울로 사도의 서신에 나타난 '바울로 신학'의 핵심은 십자가와 그리스도의 부활입니다. 이 두 가지의 주제를 가지고 복음을 전파했다고 해도 과언이 아닙니다. 이 두 가지 의미를 항상 강조하고 자주 인용합니다. 십자가에 대해서 바울로 사도는 '자랑'이라고 정의를 내립니다. 바울로 사도는 그리스도께서는 십자가에 달리심으로써 죽음에서 승리하셨고, 그리스도의 부활에 대해서는 여러 내용을 통해서 그 의미를 해석하고 그리스도께서 부활하지 않으셨다면 우리의 믿음과 복음은 의미가 없다고 하셨습니다. 그리스도께서는 부활하셨고 그 부활을 믿음으로써 '부활하신 그리스도'를 세상에 전한다는 신념을 가지고 있었습니다."

―바울로는 왜 서신만 썼는지, 왜 자신의 서신을 받아 적게 했는지, 바울로 서신은 형식이 모두 같은지 아니면 다른지, 또 바울로 서신 가운데 가장 중요한 서신은 무엇인지 궁금합니다.

"바울로 사도는 교회를 설립하셨고 물론 그 숫자가 적습니다만 교회를 설립한 후에 그곳에만 머무르지 않고 계속해서 선교여행을 하셨습니다. 다만 에페소와 고린토에서는 한 동안 머물렀고 안티오키아는 잠시 거쳐 갔습니다. 따라서 체계적으로 그리스도인이 꼭 필요한 신학 및 윤리학 등의 가르침이 제대로 이루어지지 않았습니다. 그러므로 바울로 사도는 협력자와 교회의 일원과 제자들을 교육하는 차원에서 즉, 그리스도인이나 디모테오 사도, 필레몬, 디도 등 바울로 사도의 협력자들을 인도하는 차원에서 서신을 쓰게 되었습니다. 그 당시에는 지금처럼 컴퓨터나 타자기가 없었지요. 그래서 모두 손으로 쓴 필사본이 전해져 내려옵니다. 그리고 모든 사람들이 좋은 필체를 가지고 있었던 것은 아닙니다. 그 당시에는 (이러한 예는 교부들에게도 찾아볼 수 있습니다.) 내용을 말하는 사람과 그것을 받아 적는 사람이 따로 있었습니다. 기도와 하느님의 생각 안에서 영감을 받아 내용을 말하면 다른 사람이 그것을 받아 적었다고 합니다. 예언자가 하느님의 말씀을 받아서 전하는 과정도 생각해 보면 도움이 되겠네요. 그 당시에는 흔한 관습이라고 합니다. 그리고 바울로 사도의 서신들은 형식이나 문체가 다릅니다. 누구에게 썼는지, 그리고 그 서신을 받는 곳이나 인물이 처한 문제나 상황에 따라서도 서신의 문체는 달랐습니다. 갈라디아인들에게 보낸 편지의 문체가 달라서 바울로 사도의 서신인지 아닌지 논란이 있었습니다. 필립비인들에게 보낸 편지는 이들이 보여준 협력과 사랑 그리고 도움 등을 생각했을 때 또 다른 형식이나 문체로 썼다고 보면 됩니다. 어떤 인물, 혹은 어떤 지역에 서신을 보내느냐에 따라 형식이나 문체가 달라지는 것은 자연스러운 일입니다. 각 서신은 다 귀중합니다. 신학적인 면에서는 정의에 관한 주제로 로마인들에게 보낸 편지가 중요합니다. 구약성서를 근거로 주 예수 그리스도에 대한 믿음과 그리스도인들의 정의가 확실하게 신학적으로 그 내용이 정립되어 있습니다."

-바울로 사도의 선교 방법론을 본받아야 한다는 목소리가 있습니다. 하느님의 은혜로운 부르심과 계시, 회심을 통해 '이방인의 사도'가 된 바울로의 선교 목표와 방법, 신학적 기초를 알기 쉽게 설명해 주

시기 바랍니다. 또 바울로 사도의 선교사상 내지 신학개념은 무엇이며, 그 핵심을 어떻게 한국교회 선교활동에 접목할 수 있을지에 대해 대주교님의 고견을 부탁드립니다.

"이 질문에 답변하려면 체계적이고도 전반적인 내용을 제시해야 합니다. 그러나 간단하게 말씀 드린다면 바울로 사도는 다마스커스에서 그리스도께로부터 직접 부름을 받았지만 선교여행을 곧바로 하지는 않았습니다. 먼저 사막에서 3년 동안 지내면서, 물론 어떻게 지냈는지는 알려지지 않았지만 기도와 금식과 철야예배 그리고 영적 수련을 하면서 자신의 영성을 잘 단련했다고 합니다. 바울로 사도는 자신의 마음속에 있던 구약성서의 율법 내용을 잘 정리했고 구약성서와 주 예수 그리스도의 가르침을 잘 이해하도록 노력했습니다. 유다인으로서 올바른 그리스도인이 어떤 것인지를 마음속으로 완벽하게 정리를 하고 이방인들에게 주님의 말씀을 전하기 시작했습니다. 주님 말씀을 전하는 것은 자신이 먼저 준비되지 않는다면 불가능합니다. 자신의 믿음을 완벽하게 하고 선교의 목적이 무엇인지 확실하게 깨달아야 합니다. 물론 선교는 자신이 하는 것이지만 내가 아닌 주님께서 항상 앞에 계셔야 합니다. 선교의 목적은 다른 사람의 구원을 위함입니다. '나는 혈육을 같이하는 내 동족을 위해서라면 나 자신이 저주를 받아 그리스도에게서 떨어져 나갈지라도 조금도 한이 없겠습니다'(로마서 9.3). 타인에 대한 사랑이 없다면, 자신의 희생이 따르지 않는다면 선교를 시작하지 않는 것이 더 좋겠습니다. 바울로 사도의 선교목표는 모든 사람들이 그리스도를 믿는 것이었습니다. 어떤 방법으로 언제 이 목표가 실현될지는 자신을 인도하는 주 예수 그리스도에게 항상 맡겼습니다. 사도행전과 서신들을 보면 환상을 통해서나 다른 방법으로 예수 그리스도께서는 바울로 사도가 어디를 가서 어떻게 선교할지를 계시해 주셨습니다. 예를 들어 소아시아 북쪽으로 이동하려다 트로아스로 가게 됩니다.(사도행전 16,6-9 참조) 마케도니아 사람이 이곳에 와서 선교를 해 달라는 꿈을 꾸고는 마케도니아로 갑니다. 이런 사건을 보더라도 바울로 사도는 하느님으로부터 가르침을 받았고, 인도를 받았고 영감을 받았던 분이었습니다. 바울로 사도의 업적과 선교여행 등은 하느님의 뜻에 완벽하게 자신을 내어 주었기에 가능했습니다. 교회가 필요한 것은 바울로 사도가 펼친 선교사업의 외형적인 모습을 따라하는 것이 아니라 바울로 사도의 선교정신을 본받아야 합니다. 첫째, 바울로 사도는 주님의 말씀을 전파하지 않고서는 살 수 없다고 고백한 것처럼 한국교회는 복음전파에 우선적으로 힘써야 합니다. 둘째, 우리는 겸손한 사람이어야 합니다. 바울로 사도는 주님의 은총을 충분히 받음으로써 셋째 하늘나라까지 올라갔던 분입니다. 그러나 자신은 사도라고 불릴 자격이 없으며 가장 큰 죄인이라고 고백합니다. 바울로 사도가 가진 이와 같은 겸손의 마음을 우리 한국교회도 가져야 합니다. 그리고 바울로 사도의 모든 사람을 향한 사랑도 닮아야 합니다. 성서에 보면 어느 종에 대한 큰 배려와 베푼 사랑에 대한 내용을 읽을 수 있습니다. 바울로 사도는 주인에게 친자식처럼 다시 이를 받아들이라는 배려의 편지를 전합니다. 물론 이 종은 주인의 물건을 훔친 도둑이었고 천한 신분이었습니다. 바울로 사도는 신분이 높거나 덕망 있는 사람에게만 사랑을 실천한 것이 아닌, 사회에서 가장 낮고 천한 신분의 사람에게도 진정한 그리스도의 사랑을 실천한 분입니다. 그러므로 우리도 어떤 어려움이 있더라도 주님 말씀을 전하는 일에 망설이지 맙시다. 바울로 사도는 돌팔매질을 당하고 목숨이 위험해도, 감옥에 갇혀서도 이러한 어려움을 항상 극복하고 주님의 말씀을 전했습니다."

―바울로 사도가 말하는 '가정집교회' 혹은 '가정교회'에 대해서도 스쳐 지나가며 말씀하셨는데 가정교회란 무엇인지, 나아가 바울로가 말하는 교회는 무엇을 뜻하는지 한 말씀 부탁드립니다. 바울로의 교회에서 여성들은 어떤 역할을 맡았는지, 페베는 교회의 인정을 받은 일꾼인지, 바울로가 떠났을 때 누가 교회 지도자가 됐는지도 궁금합니다.

"예수님과 사도들은 탄압을 받았습니다. 로마제국시대 때 그리스도교의 박해가 심했으므로 교회를 세우는 일은 상상도 못했습니다. 그래서 지하교회인 카타콤바가 있었습니다. 그러나 교회는 없었지만 그리스도인들은 집에 모여서 예배를 드리고 친교를 나누었습니다. 예를 들어 필립비의 리디아 집에도 교인들이 자주 모였습니다. 그곳에서 모임을 갖고, 기도와 설교 그리고 성찬예배를 드렸습니다. 물론 바울로 사도가 그 지역을 방문했을 때에도 집에서 모였습니다. 이러한 형태를 가정집교회 혹은 가정교회라고 합니다. 물론 가정집이었기 때문에 집주인이 모임에 필요한 것을 준비했고 여러 봉사자들이 도왔습니다. 그래서 초대교회 때는 누구누구의 가정집교회라는 명칭으로 기록이 남았습니다. 예로 '그들의 집에서 모이는 교회 여러분에게…'(로마 16.5) 또 한 예로 '님파와 그 집에 모이는 교회에 문안해 주십시오.'(골로사이 4.15) 교회는 두 가지 의미가 있습니다. 먼저 영적인 의미가 있습니다. 교회는 그리스도의 몸입니다. 교회는 그리스도가 머리이시고 몸은 그리스도인들을 의미합니다. 머리이신 그리스도께서 인도하십니다. 그리스도의 몸이라는 표현은 여러 성서구절에서 찾아볼 수 있습니다. 그래서 바울로 사도는 그리스도의 몸인 교인들을 사랑해야 한다고 강조합니다. 몸은 두뇌의 지시에 따라서 움직입니다. 몸의 각 지체인 교인은 머리이신 그리스도께 순종합니다. 이렇게 교회는 조화를 이룹니다. 또 다른 교회의 의미는 교인들이 속한 교회를 의미하는데 이러한 교회는 나중에 교구, 대교구 등 지역이 관할로 나뉘게 됩니다. 바울로 사도 시대의 여성들은 중요한 역할을 담당했습니다. 로마서에 보면 훌륭한 일꾼인 여성들의 이름들이 기록되어 있습니다. 바울로 사도는 자신의 선교사업을 도와주거나 초대교회에 큰 힘을 되어준 여성들을 감사하게 생각합니다. 페베는 교회에서 봉사자(diakonissa) 직분을 축복받고 활동하신 분입니다. '켄크레아 교회에서 봉사하는 여교우 페베를 여러분에게 소개합니다.'(로마 16,1) 고린토에서 활동한 페베는 교회의 예식과 각종 행사에 상당히 중요한 부분을 맡아서 봉사했습니다. 페베는 교회에서 봉사자 성인으로 공식 인정받은 분으로서 해마다 축일을 지내고 있습니다. 바울로 사도는 특정한 교회의 지도자가 된 적은 없습니다. 바울로는 사도직을 부여받은 사도로서 활동했습니다. 또한 12사도들 역시 여러 나라들을 다니면서 복음전파에 힘쓴 분들입니다. 아시아, 이집트, 이디오피아 등을 여행합니다. 사도시대에는 총대교구나 대교구 등의 구별이 없었던 시대였지만 교구는 있었습니다. 후에 다섯 개의 총대교구가 확립됩니다. 바울로 사도는 주교를 임명했고 그 주교들이 사제서품을 하면서 성직제도가 확립됩니다. 주교직에서부터 교회의 지도자가 확립된 것입니다."

―그리스도교에서 바울로는 왜 그토록 중요한지 말씀해 주십시오.

"사도행전에는 바울로 사도가 예루살렘으로 가서 다른 사도들을 만난 내용이 나옵니다. 초대교회에는 큰 문제가 있었습니다. 구약성서에 의한 율법을 지키는 문제입니다. 예를 들어 할례 그리고 속죄의 식 등입니다. 성령의 인도를 받은 바울로 사도는 초대교회가 직면한 문제에 대해서 확실한 해답을 제시합니다. 율법을 지켜야만 구원을 받는 것이 아니라 그리스도를 믿음으로써 구원을 받는다는 것입니다. 그리고 그리스도의 말씀을 따르고 양심을 지킨다면 구원을 받는다는 것입니다. 이것은 그리스도교가 유다교에서 강요하는 제약에서 해방됨을 의미합니다. 그리고 모세율법에 상관이 없었던 이방인들에게도 구원의 길이 열리게 됩니다. 유다인이나 이방인 모두가 주님의 말씀을 받고 그리스도인이 될 수 있는 길을 열어 주었습니다. 만약 그리스도교가 모세율법에 발목이 잡혀서 그 올바른 해답을 찾지 못했다면 오늘날의 그리스도교는 유다교 아류 정도의 교파로 유지될 수 밖에 없었을 겁니다. 로마인들은 그리스도교가 유대교의 한 교파 정도로 이해했었습니다. 바울로 사도의 훌륭한 업적은 유다교의 한계를 넘어 온 세상의 믿음인 그리스도교를 확립하는 데 큰 역할을 했다는 것입니다. 모든 민족은 그래서 이러한 업적에 바울로 사도에게 큰 존경과 감사를 표하는 것입니다."

―바울로 서신은 오늘날 교회 가르침에 어떤 영향을 지니는지 궁금합니다.

"교회는 일찍부터 바울로 서신은 성령의 영감을 받아 기록한 것으로 인정합니다. 오류가 없는 서신으로 신약성서에 포함되었습니다.

교회는 신학과 윤리학의 근본 사상을 바울로 사도의 서신에서 찾았습니다. 바울로 사도는 유일하게 27권 중 14권을 썼고, 사도행전에서도 바울로 사도의 설교와 행한 기적들과 가르침이 절반 정도의 분량을 차지한다고 보면 됩니다. 바울로 사도는 신학과 교리에 대해서 언급했고 신앙의 모든 전반적인 문제에 해답을 남겨주셨습니다. 이러한 바울로 사도의 서신 내용을 바탕으로 세계 공의회와 그 이후 교부들도 그 내용을 가지고 교회의 교리를 확립하게 됩니다. 물론 성령의 인도 안에서 결정한 것이죠. 교회는 바울로 사도에 대해 깊은 존경을 표하고 있으며 교부들 특히 성 요한 크리소스톰 대주교는 특히 그의 연설에서 주님의 복음을 전파한 바울로 사도보다 더 귀중한 분은 없다고 칭송합니다."

―오늘날 바울로를 어떻게 해석하라고 권하고 싶으신지요?

"바울로 사도를 해석한다는 의미는 그분의 업적과 남기신 서신에 대한 해석이라고 이해됩니다. 바울로 사도를 올바르게 이해하고 해석하려면 교부들의 도움이 꼭 필요합니다. 우리 임의대로 하는 해석이 아니라 성령의 인도를 받은 교부들이 해석해 놓은 내용을 꼭 참고하기를 권합니다. 교부들의 해설집들이 번역되어서 현대 그리스도인들도 올바르게 바울로 사도의 서신과 가르침을 잘 이해할 수 있습니다. 바울로 사도의 서신 중에는 우리가 잘 이해하지 못하는 어려운 부분 그리고 논쟁이 될 만한 부분도 있습니다. 교부들의 해석을 통해 바울로 사도를 올바르게 볼 수 있도록 하는 것이 우리 교회의 소중한 유산이 되어야겠습니다."

―바울로 사도는 우리의 생활양식, 특히 신앙생활과 어떤 관련이 있는지요?

"바울로 사도는 그리스도인들에게 하느님이신 그리스도를 닮기가 어렵다면 인간이면서 그리스도를 닮고자 노력하는 자신을 본받으라고 합니다. 바울로 사도가 그리스도와 함께 하는 삶을 살지 않았고 주님의 말씀을 따르지 않았다면 감히 자신을 본받으라는 말을 하지는 못했을 겁니다. 바울로 사도의 삶의 중심은 항상 그리스도였습니다. 오직 그리스도를 위해서 살고 그 분을 믿고 살았습니다. 그리고 실제적으로 바울로 사도는 훌륭한 사도이면서 그리스도인이었기 때문에 그분을 닮도록 노력해야 합니다. 사도행전에서 아그리빠 총독에게 밝혔듯이 쇠사슬에 묶인 것만 제외하고 나를 닮으라고 했습니다. 우리가 일부러 바울로 사도를 닮고자 감옥에 갇히거나 박해를 받으려고 하지는 않습니다. 다만 주님의 뜻이라면 어려움도 감수해야 하는 것은 당연한 일입니다. 우리가 살아가는 방법을 아주 상세한 부분까지 바울로 사도는 제시해 준다고 봅니다. 물론 상세한 내용을 이야기하자면 시간이 더 필요하겠죠."

―바울로 사도의 진정한 유산은 무엇인지요.

"바울로 사도는 소중한 서신들과 그 분의 모범적인 신앙의 삶을 우리에게 진정한 유산으로 남겨주었습니다."

―연재물이 책으로 나온다고 들었는데 어떤 책인지 간략히 언급해주시면 고맙겠습니다. 그리스어, 터키어로도 책이 나온다고 들었는데, 맞는지요. 어떤 내용이 담겨지는지요. 혹시 덧붙여 주시고 싶으신 말씀이 있으시다면 인사말씀과 함께 부탁드립니다.

"신문에 연재된 내용을 보고 많은 분들이 책으로도 나왔으면 한다는 소식을 들었습니다. 그래서 평화신문의 협조로 정교회 출판사에서 출판하게 되었습니다. 출판될 책은 평화신문에 연재된 내용과 거의 동일합니다. 바울로 사도의 중심 활동무대가 소아시아의 안티오키아 등, 지금은 터키지역에 속한 만큼 터키어로 이 책이 출판되면 바울로 사도를 이해하고자 하는 현지인들에게도 도움이 되리라 생각됩니다. 그래서 터키어로도 출판되기를 희망합니다. 그리스어로는 생각 중 입니다. 그리스에서는 바울로 사도에 대한 수많은 정보와 교양서, 전문서적들이 출판되어 있습니다. 첫 연재부터 평화신문은 큰 배려와 관심을 보여주셨고 연재가 무사히 마칠 수 있도록 최대한 협조해 주셨음에 정말로 감사를 드립니다. 그리고 평화신문에서 이런 기회를 제공하지 않았다면 저의 여러 일정으로 인해 집필이 어려웠지 않았을까 생각해 봅니다. 그 동안 그림을 맡아주신 테레사 정미연 교우는 바울로 사도의 행적을 따라 여행을 함께 하면서 예술가로서의 독창적인 관심과 안목을 보여 주었고 가는 곳마다 새로운 영감을 받은 것으로 압니다. 그래서 그 영감을 그림으로 훌륭하게 표현해 주었습니다. 이 연재가 잘 마무리되도록 진행해 주신 오세택 기자님과 그림을 맡아서 수고해 주신 테레사 정미연 교우님과 마지막으로 책으로 나오도록 협조해 주신 평화신문에 다시 한 번 감사를 드리고 싶군요. 독자에게는 더 많은 정보를 제공하지 못한 점과 지면 상 더 상세한 해석을 하지 못해 이해하지 못했던 내용이 있었다면 이 지면을 통해서 죄송하다는 말을 전하고 싶습니다. 끝으로 바울로 사도의 삶을 닮아가는 삶을 사시기를 독자들에게 권합니다. 그렇게 노력하면 곧 그리스도를 본받는 삶을 살게 될 것입니다. 감사합니다."